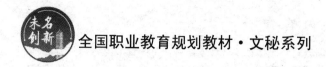全国职业教育规划教材·文秘系列

秘书实务训练教程
（第二版）

主 编 王晓彬 包 镭

内 容 简 介

本书是高等职业技术教育秘书专业的实训教材，采用模块式教学结构，每一章节内容都分为实训操练和理论分析两个部分，系统介绍秘书实务的各项工作内容、基本要求、操作程序和操作规范，使秘书从业者掌握秘书工作的方法和技巧，适应现代化秘书工作的需要。

本书共分 9 个项目，主要内容有：会议管理实务与训练、时间管理实务与训练、接待工作实务与训练、文书处理实务与训练、信息管理实务与训练、办公室管理实务与训练、商务活动工作实务与训练、常用办公设备操作训练、秘书应聘与面试训练，在编写体例上采取理论知识与实际案例相结合、循序渐进、通俗易懂、便于操作的方式，易被广大读者接受。

本书可作为职业教育秘书专业的教学用书，也适于各类企事业单位秘书从业人员学习、参考。

图书在版编目(CIP)数据

秘书实务训练教程/王晓彬，包镭主编．—2版．—北京：北京大学出版社，2014.9
（全国职业教育规划教材·文秘系列）
ISBN 978-7-301-24641-2

Ⅰ．①秘… Ⅱ．①王… ②包… Ⅲ．①秘书学－高等职业教育－教材 Ⅳ．①C931.46

中国版本图书馆 CIP 数据核字（2014）第 185261 号

书　　　　名：	秘书实务训练教程（第二版）
著作责任者：	王晓彬　包　镭　主编
策 划 编 辑：	胡伟晔
责 任 编 辑：	胡伟晔
标 准 书 号：	ISBN 978-7-301-24641-2/G·3861
出 版 发 行：	北京大学出版社
地　　　　址：	北京市海淀区成府路 205 号　100871
网　　　　址：	http://www.pup.cn　新浪官方微博：@北京大学出版社
电　　　　话：	邮购部 62752015　发行部 62750672　编辑部 62765126　出版部 62754962
电 子 信 箱：	zyjy@pup.cn
印　　刷　者：	北京宏伟双华印刷有限公司
发　　行　者：	北京大学出版社
经　　销　者：	新华书店
	787 毫米×1092 毫米　16 开本　8.75 印张　213 千字
	2009 年 11 月第 1 版
	2014 年 9 月第 2 版　2022年12月第 3 次印刷（总第 6 次印刷）
定　　　　价：	20.00 元

未经许可，不得以任何方式复制或抄袭本书之部分或全部内容。
版权所有，侵权必究
举报电话：010-62752024　电子信箱：fd@pup.pku.edu.cn

第二版前言

在第一版的基础上,本版融入了近年来文秘专业教学的新发展、新应用及编者的教学改革尝试,同时汲取了广大读者的意见,补充和更新了部分内容,增加了商务活动训练和新的实际应用案例,更加符合当今职业教育应用型人才的培养要求。

本书遵循《秘书国家职业标准》,以秘书实务中的经典内容为核心。全书共分9个项目,分别是:会议管理实务与训练、时间管理实务与训练、接待工作实务与训练、文书处理实务与训练、信息管理实务与训练、办公室管理实务与训练、商务活动工作实务与训练、常用办公设备操作训练、秘书应聘与面试训练。本书由王晓彬老师负责拟写大纲和体例,并完成统稿,同时编写项目1~3、项目6~8,包镭副教授负责编写项目4~5、项目9。

作为实训教材,本书舍弃了烦琐的理论说明,强调应用性和可操作性,重点突出了现代秘书各主要技能的操作训练过程和知识概括。全书采用项目式实训结构,每个项目下设有若干训练任务,并以案例贯穿始终:开始时的任务描述以情境设置来布置实训任务,再在任务实施中提出目的、要求、实训流程;然后是理论分析、过程提示和案例参考;最后是该任务的参考答案。在编写过程中,我们尽量做到简洁通俗、步骤清晰、循序渐进,便于边学习边操作。

在全书的编写过程中,浙江经贸职业技术学院的丁萍萍教授、施晔红老师和徐慧剑老师多次给予了支持和帮助,提出了许多宝贵的意见,作者还参阅了国内许多专家、学者的有关著述,谨在此一并表示诚挚的谢意。同时感谢北京大学出版社及相关编辑的大力支持。

由于编者水平有限,加之时间仓促,疏漏和错误之处在所难免,敬请读者批评指正。

编 者
2014年4月于杭州

目　　录

项目1　会议管理实务与训练 …………………………………………………………… 1
　　任务1　准备会议文件 …………………………………………………………………… 2
　　任务2　布置会场 ………………………………………………………………………… 6
　　任务3　安排工作例会 …………………………………………………………………… 9
　　任务4　新产品展销、订货会议 ………………………………………………………… 11
　　任务5　筹备和召开大型会议 …………………………………………………………… 16

项目2　时间管理实务与训练 ……………………………………………………………… 20
　　任务1　领导的日程安排 ………………………………………………………………… 21
　　任务2　规划自己的时间 ………………………………………………………………… 24
　　任务3　约见与会谈安排 ………………………………………………………………… 27
　　任务4　差旅安排 ………………………………………………………………………… 30

项目3　接待工作实务与训练 ……………………………………………………………… 35
　　任务1　日常接待 ………………………………………………………………………… 36
　　任务2　团体接待 ………………………………………………………………………… 38
　　任务3　宴请接待 ………………………………………………………………………… 42
　　任务4　接待工作中的礼仪 ……………………………………………………………… 46
　　任务5　接打电话礼仪 …………………………………………………………………… 50

项目4　文书处理实务与训练 ……………………………………………………………… 54
　　任务1　收文处理程序 …………………………………………………………………… 55
　　任务2　发文处理程序 …………………………………………………………………… 59
　　任务3　文书的整理归档 ………………………………………………………………… 61

项目5　信息管理实务与训练 ……………………………………………………………… 67
　　任务1　信息的收集与整理 ……………………………………………………………… 68
　　任务2　信息的传递与反馈 ……………………………………………………………… 71
　　任务3　信息的开发与利用 ……………………………………………………………… 73

项目6　办公室管理实务与训练 …………………………………………………………… 75
　　任务1　办公空间的设计规划 …………………………………………………………… 76
　　任务2　办公用品的购置 ………………………………………………………………… 78
　　任务3　办公设备和用品的管理 ………………………………………………………… 81
　　任务4　办公环境的管理 ………………………………………………………………… 84
　　任务5　值班工作 ………………………………………………………………………… 86

任务 6　印信管理 ·· 89

项目 7　商务活动工作实务与训练 ·· 93

　　任务 1　签字仪式 ·· 94
　　任务 2　开业典礼 ·· 96
　　任务 3　新闻发布会 ·· 98
　　任务 4　企业开放参观活动 ·· 101

项目 8　常用办公设备操作训练 ·· 103

　　任务 1　装订机 ·· 104
　　任务 2　碎纸机 ·· 108
　　任务 3　复印机 ·· 109
　　任务 4　传真机 ·· 113
　　任务 5　扫描仪 ·· 117
　　任务 6　刻录机 ·· 120

项目 9　秘书应聘与面试训练 ·· 126

参考文献 ·· 131

项目 1 会议管理实务与训练

●> 会议是指人们有组织、有目的、有领导地聚集在一起进行商议、交流的活动。人们通过会议交流信息、研究问题、部署工作、宣传动员、集思广益、表彰先进等。作为辅佐领导工作的秘书人员,能否做好会议的筹备、组织和管理工作,不仅直接体现了秘书人员的职业能力,而且影响企业的形象。

任务1 准备会议文件

1.1.1 任务描述

××省茶叶协会工作交流会将于12月16日、17日在省城天鸿饭店举行。会议将由副会长赵原主持。会长方明致开幕词。协会秘书长沈路、××市茶叶协会会长吕新将就本年度全省茶叶生产基本情况及产业发展规划向代表们作主题发言。同时一些代表也将在会议中从品牌打造的角度,对茶叶产业发展提出建议。会议秘书处老张和小夏负责编写此次会议的议程表、日程表,并撰写开幕词。

1.1.2 任务实施

1. 实训目的

通过训练,使学生掌握会议文件的类型,能够根据实际情况编写会议日程表和会议议程表,协助领导拟写开幕词。

2. 实训要求

(1)学生以每4人为一组,完成会议文件的撰写。

(2)分角色扮演,完成由秘书人员起草到领导审核、定稿的多个循环过程。其中1人扮演领导,2人分别扮演老张、小夏,1人进行监督和评价。

3. 实训流程

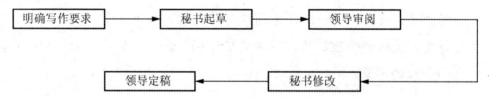

1.1.3 任务分析

会议文件材料是指会议上形成和使用的文书,它是关系会议成败的关键。比较重要的会议都需要事先准备文件。会议文件主要有两大类:一类是供会上学习参考的文件资料,如上级会议文书,上级指示文书,宣传文章,相关政策、方针、法规、计划,以及专业、技术性资料等。秘书人员应提早收集、印刷这类文件,并将其装在资料袋中,在与会人员报到时发。另一类就是会议本身所产生的文件,大致形成于三个时期:会前——为保证会议及时、顺利地召开而做的充分准备,如会议登记表和签到表、会议通知、会议日程表和会议议程表、住房安排表、分组名单、开幕词、闭幕词、会议报告等;会中——记录会议情况或伴随会议的进程而产生,如会议记录、会议决定、会议简报等;会后——交流、传达或落实贯彻会议精神,如会议纪要等。一般而言,须在会前准备妥当的文件资料,秘书人员应该根据领导意图,草拟出初稿,呈给领导审阅,然后在领导的指示下修改定稿。

1. 会议议程表和会议日程表

会议议程是把会议所要讨论、解决的议题按照主次、轻重，按照其内在的联系有序地排列起来，在会前复印分发给所有与会者。会议主持人要根据会议议程主持会议（如表1-1所示）。

会议日程是指会议在一定时间内的具体安排，不仅包括会议议题内容，还包括其他活动，如聚餐、参观、娱乐等。会议的日程一般采用表格形式，以天为单位，将会议时间分别固定在每天上午、下午、晚上三个单元，将会议全程的各项活动具体化（如表1-2所示）。

安排会议议程和日程要注意的问题是：

（1）会议议程的编制应在前，议程一旦确定，就不应再变。会议日程要根据议程作出安排，会议日程表的制定要明确具体，准确无误。

（2）在议程表中，首先是宣布议程，其次安排主题发言和讨论的问题，要尽量将同类性质的问题集中排列在一起。

（3）先安排关键人物的时间，要保证重要人物能够出席会议。

（4）如遇几个议题，秘书要根据事务的轻重缓急，科学地统筹安排好议程，最重要的排列在最前面；事关重大的，需要全体参与讨论决定的内容，应放在上午；宣布周知的内容或分组讨论可放在下午，晚上则安排一些文娱活动。

（5）会议的议程表、日程表制定后，必须经主管领导审核方可实施，并在会前复印分发给所有与会者。

2. 开幕词

开幕词是各级党政机关、社会团体、企事业单位的领导在会议开始时所作的讲话，旨在介绍会议基本情况，阐明会议的指导思想、宗旨、任务等，一般带有预告及礼仪性，比较简短，通常包括三项内容：

（1）郑重宣布会议开始，对来宾和与会人员表示欢迎。

（2）阐明会议目的、任务和重要意义，说明会议的主要议程安排，向与会者提出会议的要求和希望。

（3）预祝会议圆满成功。

开幕词篇幅要求简短，力求明确扼要地交代会议的议程、说明会议的宗旨和任务，内容切忌重复、啰唆，语言要尽量合乎口语，同时又生动活泼，语气要热情大方。

3. 闭幕词

闭幕词是大型会议结束时由有关领导人向会议所作的总结性讲话，具有概括性、评估性和鼓动性。其内容大致包括以下3项：

（1）概述会议的进行情况，总结会议的基本内容和主要成果。

（2）恰当地评价会议的收获、意义及影响，提出希望或口号，向与会人员提出贯彻会议精神的基本要求等，激励与会人员的积极性。

（3）郑重宣布会议已经完成预定任务，胜利闭幕。

闭幕词与开幕词一样，具有简明性和口语化两个共同特点。无论是总结成果、提出希望，还是表示祝愿，语言都应简洁有力，切忌啰啰唆唆拖泥带水；同时，行文要充满热情，语调昂扬，激发与会者的积极性，使会议在高潮中圆满结束。

4. 工作报告

工作报告是会议的主要文件，是领导人在会议中所作的工作汇报，其作用在于宣传贯彻路线、方针、政策，总结工作成绩，推广先进经验，分析存在的问题，部署工作任务，展望今后工作的目标或方向，等等。工作报告既要全面，又要突出重点，篇幅较长，几千字到几万字，发言半小时到两小时不等。写作时应注意两点：

（1）实事求是，一分为二。工作报告要全面、客观、科学、实事求是，无论是讲成绩还是存在的问题，都要实事求是，有一说一，有二说二，不夸大不缩小，力求事实确凿、材料真实、评价得当。

（2）重点突出，有针对性。工作报告不可能把一个部门方方面面的工作全部都写上，这就必须选择那些影响较大的主要工作、取得的突出政绩和存在的主要问题来写，力求详尽具体，对日常性、一般性、零星的工作，只要概括地交代一下就可以了。

1.1.4 参考答案

任务的参考答案如表1-1、表1-2和例文所示。

表1-1 ××省茶叶协会工作交流会议议程表

1. 宣布议程
2. 通报本年度全省茶叶生产基本情况
3. 与会代表关于茶叶产业发展问题的发言
4. 选举第三届理事会理事及领导机构
5. 讨论新一届协会工作规划

表1-2 ××省茶叶协会工作交流会日程表

日 期	时 间		内容安排	地 点	参加人	负责人	备 注
××××年12月16日	上午	8：00—9：00	报到	天鸿饭店大堂	全体代表	夏秘书	
		9：30—9：35	××省茶叶协会会长方明致开幕词	饭店会议中心一楼中会场	全体代表		
		9：35—10：00	省政协委员××致辞	饭店会议中心一楼中会场	全体代表		
		10：00—11：20	××省茶叶协会秘书长沈路作专题发言	饭店会议中心一楼中会场	全体代表		
		11：20—11：40	合影	天鸿大厦前坪	全体代表	余秘书	
		11：40—13：00	自助午餐	饭店二楼宴会厅		夏秘书	
××××年12月16日	下午	14：00—15：00	参观茶叶博物馆	省茶叶博物馆	自由参加	余秘书	
		15：00—16：00	参观现场炒茶及茶艺表演	梅家茶庄	自由参加	余秘书	
		16：00—17：30	休息	天鸿饭店			
		17：30—19：00	晚宴	饭店二楼宴会厅			

续表

日期	时间		内容安排	地点	参加人	负责人	备注
××××年 12月17日	上午	9:00—9:40	××市茶叶协会会长吕新作专题发言	饭店会议中心一楼中会场	全体代表		
		9:40—10:10	选举	饭店会议中心一楼中会场	全体代表		
		10:10—12:00	讨论并确定新一届协会工作规划	饭店会议中心一楼中会场	全体代表		
		12:00—13:00	自助午餐	饭店二楼宴会厅		夏秘书	
	下午	14:00—17:30	游览省城名胜		自由参加	夏秘书	
		17:30—19:00	晚宴	饭店二楼宴会厅			
		19:30	散会				

例 文

××省茶叶协会工作交流会开幕词

各位领导，各位来宾：

　　××省茶叶协会工作交流会，现在隆重开幕了！

　　协会现有会员单位247个，出席本次大会的共有192个会员单位，220多名代表。出席今天大会的来宾有：××省政协委员××同志，××省农业厅办公室主任××等同志。请允许我代表大会组织委员会向应邀前来参加会议的全体与会者表示诚挚的欢迎！

　　中国是茶的发祥地，茶叶的历史在中国源远流长，有"发乎神农，闻于鲁周公，兴于唐而盛于宋"之说。如今，世界范围内的茶叶种植成为气候，茶叶已成了风靡世界的三大无乙醇饮料之一，并将成为21世纪最健康的饮品。对茶叶产业的研究和开发，不仅关系到我国茶叶生产的大发展，也关系到我国传统文化的延续与传承。因此本届会议的主题是"弘扬茶文化、推动茶产业、振兴茶经济"。

　　我们这次大会的主要内容有：通报本年度全省茶叶的生产基本情况；探讨茶厂优化改造、生态茶园建设、品牌打造、茶叶功能研究等问题；选举产生协会第三届理事会理事及其领导机构；研究拟定新一届协会工作规划。

　　我们还邀请诸位游览省城的风光名胜、参观茶叶博物馆、观赏现场炒茶活动以及茶艺表演。

　　我们深信在上级领导部门的关心和支持下，在全体与会代表的共同努力下，本次工作交流会一定会取得圆满成功！谢谢。

任务2 布置会场

1.2.1 任务描述

浙江恒泰利建材集团将在杭州某五星级宾馆举行公司成立10周年庆祝大会,届时,来自国内知名企业家、恒泰利各分公司负责人、职工代表,共计240人参加。总经理将筹备这次会议的任务交给了公司办公室。秘书董芸、刘玲和王元分派到的任务是布置会场。

1.2.2 任务实施

1. 实训目的

通过训练,使学生掌握会场布置(包括会标设计、主席台设置、座位排列、会场装饰等)的要求和方法,能够根据会议的性质、规模等实际情况布置会场。

2. 实训要求

(1)学生以每8人为一组,讨论会场布置的各项细节。
(2)绘制出会场布局、主席台、会标的示意图。
(3)依照示意图,充分利用综合实训室里的设备(讲台、桌椅、话筒、会标、台签、旗帜、花卉等)进行实地布置。

3. 实训流程

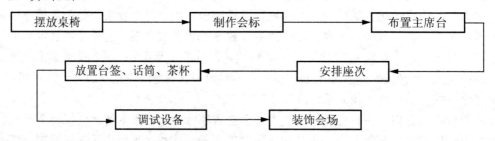

1.2.3 任务分析

布置会场是会前准备的一项重要工作,会场布置是否庄重、美观、舒适,对与会人员的心理起着不可忽视的影响。要综合考虑会议的性质、规模、会期等因素,使会场的整体布置与会议的主题和气氛相吻合。

1. 会场的类型及布局形式

小型会议一般在会议室进行,多采用长方形、椭圆形或U形的会议桌(如图1-1所示)。此类会场可使人员坐得比较紧凑,领导人、主持人和其他与会者围坐在一起,有利于形成平等和融洽的氛围,特别适合以交流或互动为主的会议。

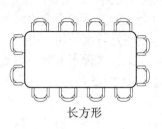 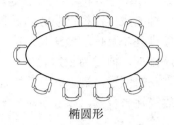 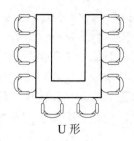

长方形　　　　　　椭圆形　　　　　　U 形

图 1-1　小型会议会场布局

（1）多边会议会场布局

多边会议一般采用正圆形、正多边形或回字形会议桌，如图 1-2 所示。因为正圆形或正多边形会议桌的席位无主次之分，容易体现平等和互相尊重的精神，有利于形成融洽与合作的气氛。

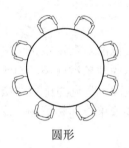 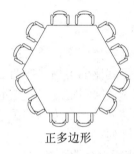 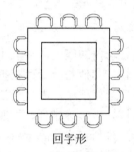

圆形　　　　　　正多边形　　　　　　回字形

图 1-2　多边会议会场布局

（2）大中型会议会场布局

大中型会议的会场一般设在会议厅、礼堂、会堂或体育馆，多采用扇形（如图 1-3 所示）、影剧院形（如图 1-4 所示）。此类会场对主席台和演讲者形成包围状，突出了主席台的地位，会议将以主持者演讲为主，适合于代表会议、纪念性会议、动员大会等。

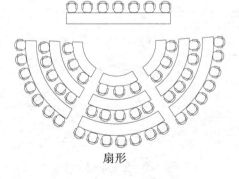

扇形

图 1-3　大中型会议会场布局

2. 主席台的布置

大中型会议的会场，大多设主席台，主席台的布置基本要求是庄严、隆重、美观。桌布宜选用呢质，适当摆放一两盆鲜花；台上方或后方悬挂会标；台上与台下交接的台沿处，可成排放置低矮盆栽花木，而后幕底脚处两侧，则适宜放置植株高大、品种单一的绿色植物。人民代表大会、政协会议等大型会议主席台后面一般要悬挂红旗,以增加庄重的气氛。

主席台席位视人数设成一排或数排,根据职务高低和对会议的重要程度安排座次,按照左高右低、由前至后的顺序排列。具体的做法是:第一排正中是首席,由身份最高者就座,其余则按先左后右的顺序排列,前排为主,后排为次;如果主席台上人数是双数,那么身份最高者坐在前排中间靠左的位置,第二位坐于其右边(如图1-5所示)。在主席台的桌上,应在每个座位的左侧放置姓名台签,以方便对号入座。

3. 会标和会徽

正式的、隆重的会议都会在主席台上方悬挂会标或会徽。会标是会议的全称,一般选用黑体字或宋体字,红底白字,企业也常用红底金字。会徽是体现会议精神的图案性标志,一般悬挂于主席台上方正中央。会标与会徽属于会场装饰性设施,对于营造会场气氛、调节与会者的情绪和心理状态有着很大的影响,因此会标与会徽的布置应当大方、醒目,富于视觉冲击力。

4. 主席台下的座次安排

小型会场内的座位,一般不特意安排座次,通常情况下以面对会议室正门之位为会议主席的位置,其他与会者可根据自己就座的习惯,在两侧自由地依次就座。对于大中型会议,为保证会议秩序,提高会议效率,须划定区域,排定座次。常见的排列方法有两种:

(1)按姓氏笔画排列。按照与会人员的名单以姓氏笔画或单位名称笔画为序,从左至右横向依次排列(或从前至后纵向排列)。

(2)按行业系统排列。把相同或相近行业系统的与会单位或与会人员排坐在一个区域,可以方便会前、会议期间相互交流。

1.2.4 参考答案

任务的参考答案如图1-4~图1-6所示。

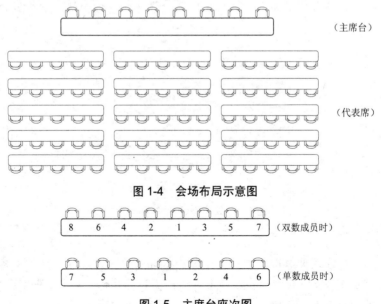

图1-4 会场布局示意图

图1-5 主席台座次图

项目1　会议管理实务与训练

浙江恒泰利建材集团成立10周年庆祝大会

（会标样式：800cm×50cm，华文魏体，红底金字，悬挂于主席台上方）

图1-6　会标样式

任务3　安排工作例会

1.3.1　任务描述

每周一下午两点半，龙翔公司都要按时召开工作例会，各部门经理都要参加，总共9人，主要是各部门交换意见，总结上一周的工作实施情况，布置当周的各项工作。总经理告诉秘书程菲，本周的工作例会还有一项任务，就是要集中讨论一份文件，让她提早打印发放下去。于是，周一一上班，程菲就开始准备了。

1.3.2　任务实施

1. 实训目的

通过训练，使学生掌握例行工作会议的准备程序和常规要求，熟悉会议通知、材料分发、会议签到、会议记录的一般要求。

2. 实训要求

（1）学生以每10人为一组，分别练习会前准备工作：桌椅、座次、茶水、文具、签到桌、签到表、笔、会议通知、文件分发。

（2）按照实训内容，设计情节和台词，分角色扮演秘书程菲、总经理、各部门经理，在模拟会议室里完成召开工作例会的过程。

（3）除主持人外，每个人都要做会议记录。

3. 实训流程

1.3.3　任务分析

工作例会是公司管理层定期召开的研究决定本公司（部门）经营管理中重大事项的办公会议。这种会议一般规模不大，会议时间、会议地点、参加人员和会议议题基本上都相对固定，所以这种会议的准备工作并不是很难，关键在于明确目的，合理安排议题，提高会议效率，避免出现浪费时间、效率低下的情况。具体而言，秘书人员的会务工作主要体现在以下6个方面：

（1）明确本次例会的目的、任务、内容、会议议题、参加人员，围绕会议议题，按照会议主持人的授意为会议准备有关的文件资料、规章制度、数据图表等，并认真核实有关的统计数字和文书材料，以保证其准确无误。非机密性的文件和议题，例会前应随会议通知提前发到与会人员手中，好让与会者充分准备会上要讨论发言的内容。

（2）提前给每一个与会人员发出会议通知。工作例会的时间、地点、人员虽然是基本固定的，但为了保险起见，秘书绝不能省去通知这一环节。本单位小型会议通知通常采用4种方法，即口头通知、电话通知、电子邮件通知和书面通知（如表1-3所示）；外单位或跨地区的会议必须寄送书面通知；邀请性会议则可以寄送带有回执的会议通知（如表 1-5 所示）。无论采用哪种通知方法，秘书都须对与会人员能否按时参加会议予以确认。

（3）提前检查会议室的清洁卫生情况和设施设备情况，包括桌子、窗台、地面是否整洁；室温是否适宜；饮水机是否运转正常，茶具、饮料是否清洁、够用；为与会者所准备的文具用品，如笔、纸等是否齐备并已经摆放在每个人的位置上；话筒、录音机、幻灯机、摄影机等必用设备是否可随时使用，摆放位置是否得当。

（4）会议正式开始前，秘书人员要检查核对人员到会情况，做好签到工作，弄清缺席人员和缺席原因，及时报告给会议主持人。

（5）做好会议记录。会议的性质、类型不同，对会议记录的要求也不同，做会议记录的方法常见的有详细记录和摘要记录两种。①详细记录，一些重要的会议必须有言必录、逐字逐句记录，可采用多人记录、综合整理或录音机辅助记录的方式；②摘要记录，工作例会等一般会议只需记录会议经过情形，发言要点，讨论的问题、结论，通过的决议、决定等，而不必有言必录。

不管采用哪种记录方法，会议记录都应包括两部分内容（如表1-4所示）。

第一部分，记录会议的组织情况，主要项目有会议名称、会议时间、会议地点、出席人、列席人、主持人、记录人等。这些项目秘书可在会议正式开始前几分钟先行写好。

第二部分，记录会议的主要内容，包括议题、发言人姓名、发言内容、讨论的内容、议决结果等。每一个记录要素都宜单独成行。会议结束时要注明结束时间，会议主持人和记录者在右下方签名，以示负责。

会议记录的基本要求是迅速、准确、条理清楚、重点突出。

（6）例会进行过程中，秘书除了做好会议记录，还要承担一些服务性的工作，如适时挂图、放投影、分送材料、茶水供应，随时接听会场外打进的电话、根据需要适当处理等。例会结束以后，秘书要及时整理有关会议文件资料，清理会议室，保持整洁干净，并根据会议主持人的意见撰写会议纪要。

1.3.4　参考答案

任务的参考答案如表1-3、表1-4所示。

表1-3　会议通知单

会 议 通 知
各部门经理： 　　定于4月3日（星期一）14：30在公司二楼小会议室召开工作例会，讨论《××××××》文件内容和布置本周工作任务。请各位准时参加，并务必带上此文件。 　　　　　　　　　　　　　　　　　　　　　　　　　　　　总经理办公室 　　　　　　　　　　　　　　　　　　　　　　　　　　　　×××year×月×日

表1-4　会议记录单

龙翔公司经理例会记录
时间：××××年4月3日14：30 地点：公司三楼会议室 主持人：沈忠（总经理） 与会人员：沈忠、郭明、欧阳慧、钱丽丹、尤泉清、潘志高、陆鸣、姜凯 缺席情况：张正德（在北京出差） 记录人：程菲 会议内容： 1．总结上周工作情况 ××部门经理尤泉清发言：…… ××部门经理潘志高发言：…… ………… 2．部署本周工作任务 总经理沈忠发言：…… ………… 3．讨论《×××××××》文件内容 ××部门经理欧阳慧发言：…… ××部门经理陆鸣发言：…… ………… 讨论结果：…… 会议于×时×分结束。 　　　　　　　　　　　　会议记录：秘书　　　（签名）　　会议主持人　　　（签名）

任务 4　新产品展销、订货会议

1.4.1　任务描述

九州照明电器有限公司近年来致力于新品灯具的开发，大胆采用新技术、新材料、新工艺，生产经营上取得了显著成绩。公司决定于9月16日和17日在凯旋酒店召开一次新产品介绍和订货会议，邀请省内各地区照明电器行业经销商、知名星级酒店、装饰公司、物业管理公司等相关企业参加。会议规模100人左右。

1.4.2　任务实施

1．实训目的

通过训练，使学生了解产品展销订货会的目的和任务，掌握产品宣传、会议筹备的程序和方法。

2. 实训要求

学生以每 8 人为一组,完成以下 6 项会务工作任务:

(1) 拟订一份会议筹备方案。

(2) 设计一份新产品灯具的宣传海报(可用 PowerPoint 制作),准备新产品的介绍资料(要求图文并茂)。

(3) 准备会议礼品。

(4) 预约酒店食宿。

(5) 联系媒体和旅行社。

(6) 布置会场和展厅。

3. 实训流程

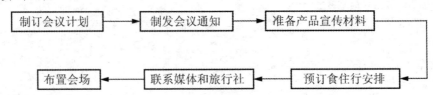

1.4.3 任务分析

产品展销订货会是企业宣传产品、洽谈业务、提高经济效益的有效手段。充分的会前准备,是会议取得成功的前提条件。在会议日期确定后,要建立会议筹备小组,明确工作职责和每个项目的负责人,并制定出详细的会议计划书和实施时间表,使会务工作有章可循。具体实施步骤包括:

(1) 落实确定参会人数,以备后续餐饮、住宿、车辆、礼品等一系列工作。

(2) 合理安排会议议程,如会议开始时间、领导致辞、产品介绍演示、观看广告片、新品展示、宴会、订货、娱乐节目、会议结束时间等。

(3) 要提前落实各种物品的准备,如电脑、投影仪、展板、展架、样品等物品;馈赠嘉宾的礼品要精心选择,简洁大方而不落俗套;宣传资料包括海报、横幅、招商手册、产品图册、广告传单等,事先都可用定制的手提袋装好,经销商们到场后即可有序分发。

(4) 合理预算会议的开支项目,主要费用有住宿、宴会、车辆、资料、礼品、娱乐、现场布置、抽奖的奖品、媒体报道费用、临时人员劳务费等。费用预算要开列清单,由领导确定审批后逐项按需支取。

(5) 会议开始以后,按日程循序进行——领导致辞、产品介绍展示、交流、订货等。

(6) 签订合同后,一般组织参观游览或文娱活动。会议结束时,安排欢送经销商,会议现场物品回收,撤离酒店。

在执行会议接待、布置会场时要注意以下要点:

(1) 基于与会人数有一定的机动性,所以订房时要和酒店约定预留若干客房或临时退房,防止出现房间不够或空置。茶水饮料、会议手册、产品资料、礼品赠品等也应适当多预备几份。

(2) 与会者报到时要及时发放会议手册,内容为会议议程、日程安排、组委会人员名单及联络方式、酒店房间安排、用餐安排等。

(3) 订货会现场要布置妥当,酒店门口可布置拱门 1 个,大幅横幅 1 条,悬升气球条幅若干,外加彩旗、花篮等渲染会议气氛;大堂接待办公桌应设有"接待处"告示牌,并设立会议厅指示牌、样品厅指示牌各1个;酒店会议厅要有会议横幅1条,装饰花盆若干盆;样品展示厅要用海报、立牌、标语全面布置,产品陈列展示、产品说明展板、公司简介展板等要一应俱全。

(4)会议全程应做好摄影摄像记录,有条件的话可配备专业摄影师或摄像师。

1.4.4 参考答案

任务的参考答案如例文、表1-5和表1-6所示。

九州照明电器有限公司产品新品订货会议筹备方案

一、会议目的:通过演示介绍新品灯具,展示本公司的生产能力和开发能力,进一步宣传和提升企业形象和品牌形象;通过互动沟通,增强经销商信心,为供需双方建立起一个产销的平台。

二、会议时间:9月16—17日,上午9:00至下午18:30。

三、会议地点:凯旋酒店1号会议厅。

四、参加会议人员:公司总经理、副总经理、公司人力资源部总监、生产部总监、销售部总监;省内各地区经销商、知名星级酒店、装饰公司、物业管理公司等相关企业负责人。总计约100人。

五、会议主持人及议程:会议由主管副总经理朱向东主持。

9月16日:

(1)总经理致辞

(2)生产部总监作产品介绍演示

(3)观看广告片

(4)室内外灯光效果设计展

(5)参观新品展示

9月17日:

(1)订货

(2)抽奖活动

(3)参观游览活动

六、会议筹备组织

(一)资料组

组长:苏××

组员:项××、赵×、应××、杨××

职责:

1. 负责大会发言材料的起草、校对、印刷;

2. 设计并制作宣传海报、产品横幅、产品说明展板、公司简介展板,印制新产品说明资料、会议手册、订货单、手提袋；

3. 起草总经理欢迎词。

（二）会务组

组长：叶×

组员：王××、沈××、郑×、李××、夏××

职责：

1. 拟写会议人员名单、会议日程表、会议须知、座次安排等会议管理类文书。负责人：叶××

2. 发出邀请函，于9月10日前确认。负责人：李××

3. 会议礼品、证件及通讯录制作。负责人：沈××、郑×

4. 接站、住宿、餐饮安排。负责人：王××、夏××

5. 游览活动安排。负责人：王××

6. 会场布置。负责人：叶×、沈××、郑×

7. 大会的签到、分发会议材料、会场服务。负责人：李××、夏××

8. 会议记录：叶××、李××

（三）宣传组

组长：裘××

组员：《浦江晚报》新闻记者孙××、《上海青年报》记者曾××

职责：

负责会议宣传报道的组织和策划、稿件审阅等工作。

七、费用预算（合计：41 500元）

1. 酒店租金6 000元

2. 用餐16 000元（自助6 000元，晚宴1 000×10桌×1次=10 000元）

3. 现场布置费用4 000元

4. 礼品、礼品袋7 000元

5. 文书资料费400元

6. 抽奖的奖品2 000元

7. 游览门票5 000元

8. 新闻媒体采访费300×2人=600元

9. 其他费用500元。

附件1——会议通知（见表1-5）

附件2——会议日程表（见表1-6）

××××年8月20日

表 1-5 带回执的会议通知

会 议 通 知

尊敬的客户：

兹定于××××年9月16日、17日上午9：00至下午4：30，在上海凯旋酒店召开××××年新产品展销订货会。敬请回复及光临。

九州照明电器有限公司
××××年8月25日

附：报到日期：9月15日下午。
机场、汽车站、火车站均有人接站。
回执：请于开会前7天寄回。

回　　执

请于9月8日以前将回执寄至：上海市××区×××路×号九州照明电器有限公司销售部邵青收，邮编：××××××，电话021-××××。

（　）我公司参加此次会议，参加人数：_____
（　）我公司不能参加此次会议。

姓名：_____
单位：_____

表 1-6 会议日程表

日期	时间		内容安排	地点	参加人	负责人
××××年9月15日	下午	12：00—21：00	报到、入住	凯旋酒店大堂	全体成员	王秘书
××××年9月16日	上午	9：00—9：05	主持人介绍会议议程	酒店1号会议厅	全体成员	
		9：05—9：15	××总经理致欢迎词	酒店1号会议厅	全体成员	
		9：15—10：00	生产部总监××作产品介绍演示	酒店1号会议厅	全体成员	
		10：00—10：10	观看广告片	酒店1号会议厅	自由参加	
		10：10—11：20	室内外灯光效果设计展	酒店2号展厅	自由参加	叶秘书 沈秘书
		11：30—13：00	自助午餐	酒店2楼宴会厅		
××××年9月16日	下午	14：00—15：00	参观新品展示	酒店1楼样品厅	全体成员	叶秘书 沈秘书
		15：00—18：00	对所有样品进行初选	酒店1楼样品厅	全体成员	
		18：00—19：30	晚宴，总经理致祝酒词	酒店2楼宴会厅		
××××年9月17日	上午	9：00—11：00	正式订货并签订产品订货合同	酒店1楼样品厅		
		11：00—11：30	抽奖活动	酒店1号会议厅	全体成员	
		11：30—13：00	自助午餐	酒店2号宴会厅		
	下午	14：00—18：00	参观、游览活动		自由参加	夏秘书 郑秘书
		18：00—19：00	自助晚餐	酒店2楼宴会厅		
		19：30	会结束			

任务 5　筹备和召开大型会议

1.5.1　任务描述

　　光华大学校领导正在召开有关会议,讨论 12 月中旬召开第 11 届科技文化节的有关事宜。
　　光华大学是一所省属重点综合性大学,学校学科门类齐全,学生众多,今年恰逢学校成立 30 周年。因此此次科技文化节除了传统的科研学术、创业设计大赛、文体生活三个板块之外,还多了校庆专题,届时学校将邀请 10 余位知名校友参加主题为"梦想·行动·成功"的校友论坛。
　　校长办公室主任申庆旭成为筹备此次科技文化节的总负责人。
　　申庆旭迅速从学校各处室抽调了 9 名人员,成立会务筹备处,拟订大会筹备方案。确定会议时间为 12 月 14—17 日,食宿在学校桃源宾馆,参加人员除了在校师生之外,特邀国内、省内有关领导和专家 10 人,兄弟院校领导 13 人,校友 12 人,外校师生 200 人。在筹备组讨论、完善了大会的议程、日程所需的各种文件材料和经费预算后,这份筹备方案得到了校领导的审核通过,于是筹备处全体成员按照各自的职责分头准备起来。

1.5.2　任务实施

1. 实训目的

　　通过筹备和召开大型会议,使学生掌握会议组织工作的基本要求和操作程序,熟悉会议筹备、会中协调服务、会议善后三阶段会务工作的主要内容,明确会议组织分工协调的重要性。

2. 实训要求

　　学生以每 12 人为一组,确定小组负责人,利用综合实训室的场地和设备,完成以下任务:
　　(1) 讨论并编制会务工作流程图。
　　(2) 策划拟订会议筹备方案。
　　(3) 按照方案的情景设计步骤开展实训,包括:制作会议证件、准备会议文件资料、物品设备;布置会场、清理会场;接站、签到、送别;资料发放、倒茶水、录音录像等会议现场服务;模拟演示开幕式、闭幕式。
　　(4) 撰写发言稿,分角色扮演主持人、发言人、礼仪服务人员,举行"梦想·行动·成功"校友论坛。

3. 实训流程

1.5.3 任务分析

大型会议一般参会人数较多、会期较长、会议议题也较复杂,因而会务工作内容繁多,能否精心地准备和组织,是会议能否成功的重要保证。筹备和召开这类会议有相对固定的程序,一般可以分为三个阶段。

1. 会前准备阶段

会前准备阶段的会务工作主要有:
(1)明确会议主题,制订会议筹备方案。

会议筹备方案是在大中型或重要的会议召开之前,对会议各个要素所作的系统周密的策划和安排。会议筹备方案一般要写明会议名称、主题、与会人员、时间和地点、会议规模、议程、日程、会议筹备班子的职责分工、经费预算等内容(如第12~13页例文所示),有些会议还有选举、颁奖、摄影、文娱等内容,也应列入方案之中。

(2)准备文件材料,制作会议证件。

会议文件材料是指各类发言稿、报告、参阅资料等会议主题类文书和日程表、人员名单、会议手册等会议管理类文书。会议证件是表明与会议直接相关的人员身份的证据,如代表证、入场证、工作证、汽车通行证等。各种证件的内容栏目,大致包括会议名称、使用者单位、姓名、职务、证件号码等,代表证、出席证等重要证件还应贴免冠半身照片,加盖钢印,以防伪造。

(3)提前发送会议通知,在会议通知后面一般要附回执。

会议通知应该把会议的内容、时间、地点、联系方式和注意事项告知有关单位和个人,使对方有充足的时间做准备。

(4)做好后勤保障的工作,安排好会议生活。

这包括接待、食宿、交通、医疗、参观访问等,并联系好新闻媒体,为会议宣传做好准备。

(5)准备会议设备、用品,布置会场。

2. 会中服务阶段

会议期间,秘书作为会议的组织者要做很多服务性、协调性工作,主要包括:
(1)组织与会人员报到、签到,核对与会人员名单,制发与会者通讯录。
(2)提前调试会场机器设备,发放资料,提供办公用品。
(3)做好会议记录,为会议的录音、录像工作提供技术保障。
(4)接听会场外打来的电话,及时传递重要信息。
(5)汇总情况,编写会议简报。
(6)引导参会人员入席、退席、用餐和使用会场的生活设施,照顾与会人员会间休息;征询膳食意见,及时订购回程票,保证参观、文娱活动的顺利进行,搞好会议生活服务。

3. 会议善后阶段

会议结束并不意味着会务工作的终结,秘书人员要做好会后整理、总结工作,让会议善始善终、首尾圆满。

(1)及时发放返程票,协助来宾退房、结算费用,安排车辆和人员按时送站。

（2）清理会场。及时清点会议现场和各个房间剩下的有关文件，根据保密原则，予以收回或经领导批准销毁；及时关闭会场的照明、空调和视听设备，退回租借的会议物资；收回会场内的一些布置物品，如横幅、旗帜、展板等；清扫地面、桌椅、门窗，保持整洁。

（3）及时整理会议记录，然后根据需要形成决议或会议纪要，经会议主持人确认后发送到相关单位和人员。

（4）把会议前后产生的有关文字、照片、录音录像材料进行汇总、分类、归档，为媒体提供的会议照片、新闻稿等资料须经会议领导审核批准。

（5）结算会议费用，据实报销、结账。

（6）总结会务经验，检查各项会务工作是否准确到位，检查每个会务人员的工作完成情况，探讨提高会议效率的方法，为今后会务工作提供借鉴。

1.5.4　参考答案

任务的参考答案为如图 1-7～图 1-9 所示的大型会议会务工作流程图。

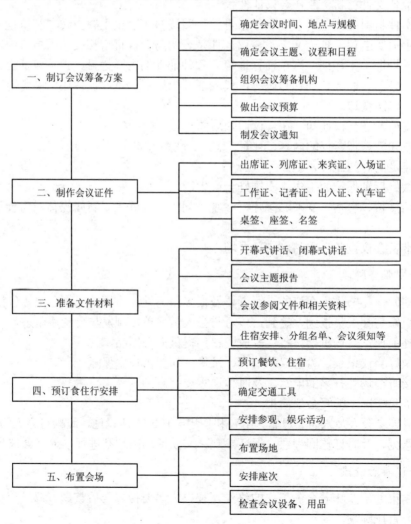

图 1-7　会前筹备工作

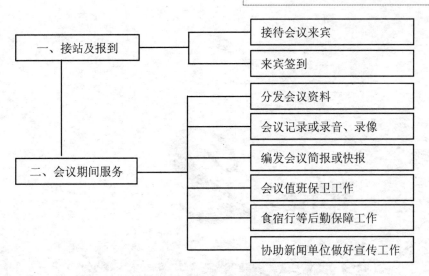

图1-8 会中服务工作

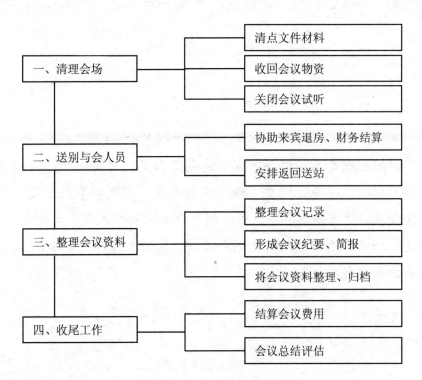

图1-9 会后整理工作

项目 2
时间管理实务与训练

> 时间管理是指如何合理有效地利用和支配时间,对时间进行科学的计划和分配,以保证重要工作的顺利完成。现代领导人每天工作繁忙,头绪众多,时间却很有限。作为领导助手的秘书人员,其日常工作之一就是帮助领导进行时间的控制和安排,包括工作日程安排、约见会谈安排和出差旅行安排等。

项目 2 时间管理实务与训练

任务 1 领导的日程安排

2.1.1 任务描述

江苏星辉公司总经理秘书罗红正在制作总经理下周工作计划表，因为今天是周五了，得在下班前把下周，也就是 7 月 5—9 日的工作内容大致安排好，主要的内容有：

（1）7月5日，经理例会；下午16：00—18：00接待新加坡客商赵总，晚上宴请。
（2）7月6日，与赵总商谈项目合作事宜。
（3）7月7日，拜访新亚公司。
（4）7月9日，招商银行范处长来商谈业务，下午，大约需要2小时。

罗红制作的周工作计划表按照日期排序，从周一至周五，每天一栏，在每栏中把工作时间分成上午、下午两个时间段，依次写明工作事项，这样，哪天事多、事少，一目了然。

做完了周工作计划表，罗红又用了10多分钟时间做了一份下周一即7月5日的工作计划表。公司惯例每周一上午9：30召开经理例会；10：30—11：30这段时间，总经理一般都用来处理他的邮件；约好刘先生12点在公司餐厅共进午餐；下午除了招待赵总外，还得留出半个小时左右的时间，因为销售部田小姐将有一份重要文件送过来给总经理审阅签字。

2.1.2 任务实施

1. 实训目的

通过安排领导的工作日程，使学生学会科学地管理时间，有条理地安排领导活动，熟练掌握工作计划表的设计和制作方法，帮助领导提高工作效率。

2. 实训要求

（1）学生以每4人为一组，讨论如何设计工作计划表。
（2）独立地在计算机上制订上述案例中的周工作计划表、日工作计划表各一份。

3. 实训流程

2.1.3 任务分析

在现代社会生活中，能否充分合理地利用时间往往就意味着能否按时高效地完成工作任务。作为单位的领导，每天要处理大大小小、或急或缓的各种公务，时间不够用是普遍的现象。因此，秘书的职责之一就是及时掌握领导活动的主要内容，妥善地为其安排工作日程，使领导提高工作效率。

领导的日常工作一般涉及的内容有：

（1）参加各种会议；

(2) 工作检查或指导；
(3) 各种接待、约会、洽谈；
(4) 参观访问、报告演讲；
(5) 出差旅行活动；
(6) 庆典仪式、宴请活动；
(7) 领导私人活动等。

秘书人员应当对这些工作任务进行全面了解并做记录，把领导或组织年、月、周、天的主要活动纳入计划，然后制订完善的、合理的工作计划表——哪些时间内要做什么事，哪些事先做，哪些事后做，同一时间内以哪些事为重点，何时完成任务，等等。常见的工作计划安排的形式有 4 种。

(1) 年度计划表

即将一年中单位或企业的重要活动、考察出访、重大会议、公共关系活动等用表格形式作出妥善的安排。年度计划表一般是在上一年的年末制订，内容上不必做得太细，只需以每月为单位，把年度内固定的重大活动项目列出即可，详细情况在月计划表和周计划表中体现（如表 2-1 所示）。

表 2-1　年度计划表

××××年工作计划表	
1 月	10—12 日召开股东大会　　25 日公司董事会
2 月	5—8 日接待瑞典客商
3 月	参加中国丝绸博览会　　26 日、27 日，陆总出席青年企业家协会年会
4 月	3—10 日董事长去德国考察
……	……
12 月	年终总结表彰大会

(2) 月计划表

此即每一个月的工作安排，将年度计划的工作任务分配到月份中，每个月都连续制订。月计划表较之年计划表，时间跨度小，因而填写的信息比较详细、准确，它以每天为单位，哪几天完成什么工作，一目了然。当月的工作计划表一般在上月月底之前制作完成（如表 2-2 所示）。

表 2-2　月计划表

9 月计划表			
日　期	星　期	事　项	备　注
1	二	8 月份销售情况汇报会	2 楼会议室
2	三	市领导来企业调研	时间 1 天
3	四		
4	五	南港集团公司 30 周年庆典	
……	……		
30	三	接待《经济时报》记者来访	下午 2 点

(3) 周计划表

该表是在月计划的基础上制订的，记录领导一周之内的具体活动安排，如开会、检查、访问、接待、宴请等，有时要详细到时间段（如表2-3所示）。周计划表一般是在上周的周五下班前制作完成的，草表制成后，要送交领导审阅，征求意见。

(4) 日计划表

该表是在周计划的基础上制订的，把领导在一天内要做的工作记录下来，提前交给领导，以提醒他工作事项。因此有经验的秘书在前一天下午就要做好第二天的计划，并让领导确认过，当天早晨上班后再次确认，以便及时添加新的工作内容。相比较上面三种计划表，日计划表的内容最为详尽，各项活动的时间、地点、注意事项等都要记录清楚（如表2-4所示）。

规划和安排领导的工作日程要遵循以下基本原则：

第一，分清工作的轻重缓急和先后次序。秘书应当积极动脑思考，判断工作的轻重缓急，重要并且紧急的工作，应在日程表上特别标出，以提醒领导优先办理；虽重要却不紧急的工作，可以等有时间再去做；不紧急或不重要的工作，则可以请示领导主动代劳或找他人承担。这样，就能替领导甄别活动价值，科学利用时间，提高领导工作效率。

第二，注意劳逸结合，合理分配时间和精力。安排领导的工作日程不可满打满算、连续作战，应注意劳逸结合，在时间上留有余地，既要考虑临时增加的工作内容，又要让领导得到充分的休息。

第三，事先确认，征求领导意见。秘书在平时工作中要细心观察领导的工作习惯和做事风格，尽量按照其工作习惯安排活动。任何日程安排都要事先征得领导本人的同意。

第四，留出机动时间。日程表中排出的一般是事先计划好的、相对固定的日常性工作，但现实工作中随时可能发生临时性的突发情况，因此还须为这些不确定性事件留出时间，比如在两个会议之间空出一定时间，防止会议延长引起时间冲突，并能使领导整理思路或稍作休息。

第五，适当保密。领导的日程安排表制作好之后除了给领导本人一份，另外还应给秘书部门负责人、其他领导、有关部门和司机各一份，但给有关部门和司机的日程表内容不能太详细，以防泄密，因此有经验的秘书会将领导的日程表制成详略两种不同的形式。

2.1.4　参考答案

任务的参考答案如表2-3、表2-4所示。

表2-3　周工作计划表

周计划表 7月5—9日			
日　　期	上　　午	下　　午	备　　注
7月5日周一	经理例会	1. 与陈副总讨论下半年工作安排 2. 接待新加坡客商赵总	晚宴18:30开始，地点在星洲大酒店6号包厢
7月6日周二	与新加坡赵总商谈项目合作事宜		技术部张、孙二位工程师陪同

续表

周计划表 7月5—9日			
日 期	上 午	下 午	备 注
7月7日周三	拜访新亚公司		9:00从公司出发,陈副总同行
7月8日周四			
7月9日周五		招商银行范处长前来商谈业务	大概14:00—16:00

表2-4 日工作计划表

7月5日工作计划表			
序 号	时 间	事 项	备 注
1	9:30—10:15	经理例会	资料在您办公桌第二个抽屉;吴副总因出差,无法参加
2	10:30—11:30	处理邮件	
3	12:00—13:30	与刘先生午餐	午餐在公司餐厅,2个位置已经预订
4	15:00—15:30	处理销售部田小姐送来的文件	
5	16:00—18:00	接待新加坡客商赵总一行3人	晚宴18:30开始,地点在星洲大酒店6号包厢
6	18:30—20:00	宴请赵总	18:10从公司出发,陈副总、谢总工程师陪同

任务 2 规划自己的时间

2.2.1 任务描述

现在是星期日晚上,林敏要规划未来一周的工作和生活,以下是未来5天要做的事情:
(1)明天9:00—11:00,接待××销售经理客户来公司看样品;
(2)明天晚上王菲来本市举行演唱会;
(3)好朋友生病住院,打算抽空前往问候和探望;
(4)经理周二15:00要召开一个会议,要提前把会议材料做PPT,约需2小时;
(5)月底公司举办展销会,需要电话统计各分公司来人情况;
(6)需要去一趟超市,采购一些必需的日用品和食物;
(7)明天14:00—15:00部门例会;
(8)明天晚上部门同事聚餐;
(9)周三上午,要参加一次业务考试;
(10)经理要在周五职工篮球赛上发言,要给他写一份六七分钟的发言稿;
(11)经理周三要出差北京,需要落实往返机票;

(12) 有一堆脏衣服没有洗；
(13) 通知销售部落实 1 名业务骨干，周三陪同经理出差；
(14) 周四 19：00 参加女儿班级的家长会，预计 1 小时；
(15) 周五公司举办中秋晚会，要找时间与同事小李一起彩排节目；
(16) 周四妈妈生日，要提早买礼物并寄回家；
(17) 约了几个朋友周末出游，需要整理行李；
(18) 制作一份国庆节值班表；
(19) 整理上周××会议记录，周五之前形成会议纪要交给经理。
（林敏每天上班时间为 8：00—20：00——含往来交通时间，中午有 1 小时休息。）

2.2.2 任务实施

1. 实训目的

通过规划自己一周的时间，训练学生的时间管理能力，学会科学地安排自己的工作和生活，并通过时间安排表的制作锻炼学生熟练使用计算机的能力。

2. 实训要求

（1）将以上事件划分不同的优先级，区分这些事件中，哪些是互相冲突的，哪些则富有弹性，并按优先级把它们进行排序。

（2）在计算机上将事件清单制成表格，制订出一周的时间安排。

3. 实训流程

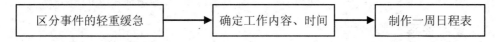

2.2.3 任务分析

时间是个常数，公平地分配给每一个人。善于利用者，能在有限的时间内有序、高效地完成既定事项，不善利用者，总是不自觉地浪费时间，浪费精力，降低办事效率。时间管理的目的除了要决定什么事该做，什么事不该做，另一个目的是决定事情的优先级次序，通过事先的规划，更有效率地安排时间。

有效地规划自己的时间，可以采取下面一些方法：

1. 明确自己的工作任务和承办期限

秘书必须非常清楚自己的工作任务和工作职责，明确各项工作的承办期限并安排进自己的计划，不能只凭着个人的喜好和习惯安排时间。例如，领导要求 6 小时内整理出某份资料或 2 日内完成某份简报，秘书就要严格执行。

2. 分清事情的优先级次序，要事为先

秘书人员要学会对自己的时间运用状况进行分析，找出适合自己的时间安排模式。最常见的做法就是每天把要做的事情全部看一遍，确定哪些事情是互相冲突的，哪些则富有弹性，然后根据重要程度排序，必要时放弃一些相对而言不紧急或不重要的事情，确保重要、紧急的事情优先处理，而不是机械地来一件事干一件事。

3．合理分配自己的精力和时间，提高工作效率

一方面要善于利用自己的生理规律来安排工作，一天中头脑最清醒的时候（有些人是早晨，有些人是下午或晚上）往往是工作效率最高的时候，应该放在最需要思考和最困难的工作任务上。

另一方面，尽量在一个时间段内专心致志地去做最有价值的工作，一次只做一件事情，这样工作效率就会成倍地增加，进而获得更多的可自由支配的时间。

4．善于利用时间碎片

每个人每天都会有一些短暂而零散的时间碎片，比如两个会议之间的休息时间、临近下班前的 10 分钟、等车、排队、搭车等，这些时间碎片看起来并不起眼，不能用来做一件大事，但如果能见缝插针，好好利用，日积月累，自然也会有不小的收获。根据时间碎片产生的环境，可选择不同的利用方式。常见的利用方式有思考、聊天、手机上网、打电话、发短信，甚至发邮件等。

5．平衡工作和家庭

秘书从业者大多数是女性，她们渴望积极地参与社会工作，同时又期望扮演好家庭角色，在时间与精力有限的情况下，要学会平衡两者的关系，才能取得工作和生活的双赢。例如，只处理最紧急的事情，忙碌时生活琐事可以交给家人去做，这样就有充沛的精力去应付工作上那些棘手的事情；要善于忙中偷闲，学会利用时间碎片；重视跟家人在一起的时间，对家人作出承诺后，一定要做到，并珍惜度假、周末等陪伴家人的机会。

2.2.4 参考答案

任务的参考答案如表 2-5 所示。

表 2-5 一周时间规划表

日 期	上 午	下 午	备 注
周一	1．9：00—11：00，接待××销售经理客户 2．落实经理出差往返机票；通知销售部选定一名业务骨干，陪同出差	1．14：00—15：00，部门例会 2．晚上同事聚餐	1．放弃演唱会，改天收看电视转播 2．午休时超市采购
周二	制作 PPT 并发给经理过目，修改	撰写篮球赛发言稿，提交，修改	1．午休时网购并寄送妈妈的生日礼物 2．晚上探望生病的朋友，洗衣服
周三	参加业务考试	制作国庆节值班表	午休时彩排中秋晚会节目
周四	整理××会议记录，形成会议纪要，发送给经理		19：00—20：00 家长会 整理出游行李
周五	电话统计各分公司来人情况，告知经理		

任务 3 约见与会谈安排

2.3.1 任务描述

康达公司近年来一直是大海广告公司的重要客户。转眼又到年底了，大海广告公司的潘总想约康达公司的邵总见面，商量一下明年的广告代理问题。于是这天一上班，潘总就把安排此次约见的任务交给了秘书何婷。

2.3.2 任务实施

1. 实训目的

通过训练，使学生掌握为领导安排约见的注意要点和工作程序，熟悉会谈工作各环节的操作要领，具备组织约见与会谈活动的基本能力。

2. 实训要求

（1）学生以每4人为一组，讨论约见安排的方式、注意事项、会谈的程序。
（2）以2人为一小组，练习主客见面的礼仪。
（3）设计情节和台词，分角色扮演邵总、邵总的秘书丁亚、潘总和秘书何婷，完成约见和会谈整个程序；实训在模拟公司办公室里完成。

3. 实训流程

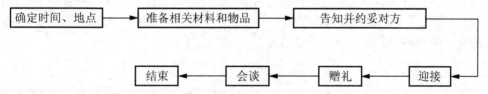

2.3.3 任务分析

当今社会是一个开放的社会，信息与科技的高速发展，使得人与人的交往日益频繁，人们常用约见这种形式沟通信息、解决问题、洽谈业务、联络感情，因此，为领导安排约会是秘书常见的事务性工作，合理安排领导的约见与会谈，能有效地利用时间，使领导井然有序地开展工作。

1. 安排主动约见

如果我方作为主人主动提出会见要求，秘书向对方发出约请时应注意以下几个方面。

（1）正确、清楚地传达约见事项，如告知双方赴约者的姓名、职务、目的、时间、地点、方式、所需的时间、所需的资料等。时间的安排上应尽量有弹性，让对方能有所选择。在约定与正式会见期间，秘书应与对方保持联系，一旦碰到约会取消或改变的特殊情况可以马上知晓。

（2）合理选择约会的时间和地点，充分考虑双方的便利因素。在以下几种情况下，一般不要给领导安排约会：
① 快下班的时候；
② 早上刚刚上班时；
③ 领导出差回来当天；
④ 领导连续召开重要会议或约会的时候；
⑤ 领导的身体状况不太好的时候；
⑥ 周末、节假日、对方休息日；
⑦ 公司重大活动日。

确定好时间、地点后要马上向领导汇报，征得领导的同意。

（3）落实细节工作，如布置会见场所、准备约会所需资料和茶水、安排车辆接送等。在约见前夕，秘书应适时提醒领导，以免忘记。如果出现临时改变约会的突发情况，应尽快通知对方，说明原因，并诚恳致歉。

2. 安排被动约见

无论是发出邀请还是接受对方的约见要求，秘书都要在征求领导的意见后再着手办理。替领导安排来自对方的预约约见，需要注意以下事项：

（1）仔细询问清楚对方的姓名、单位、职务、事项、时间、地点、电话、方式、所需时间等，再根据领导的意思尽快给对方以明确的回复。如果领导不准备约见对方，秘书应向对方委婉解释；若领导不在，秘书应与对方约定联络方法，待报告领导作出决定后再与对方联系。

（2）如果对方提出的约见日期不合适，秘书一般不可贸然拒绝或答应，应问明领导的意思再作决定，也可以向对方提供若干方便的时间、日期，供对方考虑。

（3）准备好所需的相关资料，若是访客上门，还须布置会见场所、准备茶水饮料。

（4）不管是主动约见还是被动约见，一旦确定下来，秘书便应帮领导编制约见日程表，并在约见前一天再次提醒领导，以免遗忘。

3. 会谈服务工作

会谈是双方或多方就某些问题所进行的磋商或谈判。与安排约见一样，安排领导的会谈工作，要注意一些细节上的问题。

（1）会谈之前，秘书要正确、清楚地了解对方参加会谈的姓名、职务、目的、人数等情况，与对方协商会谈的时间、地点及其他相关事宜，并及时告知己方领导。

（2）会谈之前，秘书应围绕议题充分收集和准备相关的资料，包括对方的各种信息、产品的详细资料和数据、己方领导发言的内容等。

（3）会谈座位的安排要符合礼仪规范，一般是按照国际上通行的主左客右的惯例，把客人安排在主人右手一侧（如图2-1、图2-2所示）。若是室内放置长方形的谈判桌，则以入门方向为标准，右为客方，左为主方，宾主相对而坐（如图2-3、图2-4所示）。多边会谈多采用圆形或多边形会议桌。

图2-1 会谈座位图（1）

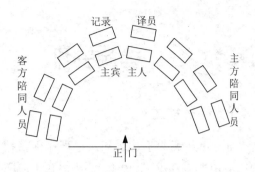

图2-2 会谈座位图（2）

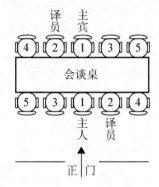

图2-3 会谈座位图（3）

图2-4 会谈座位图（4）

（4）会见会谈时，主人应比客人提前到达，安排礼仪人员在门口迎候，重要客人要亲自迎候。宾主会面通常要热情握手、相互介绍。介绍时，先将主人向客人介绍，随后将客人向主人介绍，介绍时要把姓名、职务说清楚，并有礼貌地以手示意。

（5）会见会谈时如需合影，一般要在宾主见面握手时或宾主就座前，如参加合影人数较多，秘书应事先准备好合影架（后排高于前排），排好合影图，按礼宾次序，主人居中，主宾在主人的右边，主客双方间隔排列为原则，第一排应均安排身份重要的人，两端均安排主方人员为宜（如图2-5所示）。

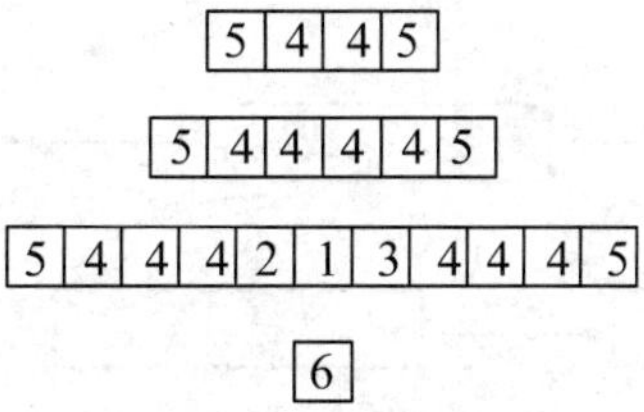

```
        5 4 4 5
       5 4 4 4 5
    5 4 4 2 1 3 4 4 5
            6
```

图2-5 摄影站位示意图

（注：1—主人；2—主宾；3—第二主宾；4—客方陪同或主宾陪同插排；5—主方陪同；6—摄影师。）

（6）会谈结束，主人应视情况把客人送到门口或车前，握手道别，目送客人离去。秘书应及时整理会谈记录和相关资料，形成会谈纪要。会谈纪要应简明扼要，一般以条目的形式反映会谈商讨后达成意见的内容。

任务4 差旅安排

2.4.1 任务描述

北京光明灯饰有限公司总经理徐福收到了一封来自上海九州照明电器有限公司的邀请函，邀请他参加9月16日、17日在上海凯旋酒店举行的新产品展销订货会。徐总把邀请函拿给了秘书小王，并吩咐她为自己安排去上海的有关事宜，一同前行的还有公司市场部孟经理（男）和技术部韩总工程师（男）。会议期间徐总将顺便拜访一位赵姓客户。

小王马上查看了总经理9月份的工作计划表，发现徐总16日、17日没有重大的工作安排，然后小王同九州照明电器有限公司的秘书取得了联系，向对方了解到此次展销会的各项事务安排情况，接着小王又联系了那位上海的客户。第二天，小王为总经理制订了一份出差旅行计划和一份旅行提示单，有关时间、工作内容、食宿行、注意事项等都写得清清楚楚。

2.4.2 任务实施

1. 实训目的

通过训练，使学生了解领导公务旅行计划的基本内容和制订方法，掌握差旅安排的细节问题，能熟练制订旅行日程表。

2. 实训要求

（1）学生可相互讨论，对上述任务描述中的出差行程作出周密安排。
（2）利用互联网或电话查询航班和酒店信息，并模拟预订工作。
（3）为总经理准备旅行物品和文件资料。
（4）为总经理编写旅行日程表、旅行提示单各一份。

3. 实训流程

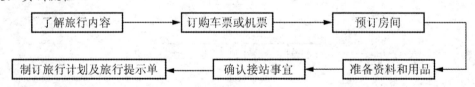

2.4.3 任务分析

在日常工作中，领导经常需要到外地出差、旅行。很多的差旅活动任务繁重，日程安排也很紧凑。因此，在每次出差之前，秘书都要认真细致地做好一系列的准备工作，把领导出差在外的各项事务安排得紧张有序、顺利愉快，这是秘书时间管理工作的重要内容，也是秘书工作价值的体现。有时秘书还要陪同领导出差，这对秘书的工作要求则更高。

1. 出差前的准备

（1）确定出差的目的和日期。秘书需要了解清楚领导出差是为了洽谈业务还是应邀参加行业会议，是参观考察还是为了解决与客户之间的纠纷。因为出差目的不同，秘书需要准备的资料和用品是不一样的。另外，秘书还须了解具体的出差日期是哪几天，以便安排好公司内部各种事务和预订车票（或机票）、酒店房间。

（2）确定出差的时间和地点。如起程时间、途中所需时间、抵达时间、返程时间、各种活动的时间，出差地是一个城市还是需要辗转几个城市，在一个城市里要去哪几个地方活动等。时间和地点越详细越好，并且都要在旅行日程表中体现出来。秘书一定要事先与对方的秘书联系，确切掌握各项活动的时间和地点，保证领导出差顺利进行。

（3）预订车票（或机票）、酒店，明确接送人员。在预订车票（或机票）的时候，一定要查用最新的列车（或班机）时刻表，注意选择合适的班次和航空公司，能直达的就最好不要换车（机）。订房要根据领导个人的爱好和习惯来决定，最好选择领导习惯的酒店，秘书务必要熟知酒店的电话。另外，各公司对职员和干部出差的交通工具和住宿待遇都有不同的规定，因此，秘书在订票和订房前，一定要弄清出差人员能享受哪一级的待遇。

（4）准备资料和行装。差旅所需的资料、文件一般包括会议通知或邀请函、演讲稿、产品说明书、项目简介、报价资料、相关协议与合同、工程图表、日程表、备忘录等。办公用品，如笔记本电脑、U盘、笔、笔记本、印有公司标志的信笺和信封。旅行物品有当地的地图或交通图、车票（机票）、手机及充电器、照相机、身份证、工作证、名片、信用卡、现金、衣物、礼品等。对于所要携带的资料和物品，秘书应按类列出清单，让领导检查是否有遗漏。

（5）预支差旅费。有些单位采取预支差旅费制度，秘书应了解出差人员应享受的待遇，估算出相应的交通费、住宿费、出差补贴等项目的预算，从财务部门预支差旅费，等领导出差回来后再根据实际费用报销。

（6）制定旅行日程表。旅行日程表是旅行和公务活动的综合，是旅行计划的具体实施表。旅行日程表上面应该写清每段旅程的出发时间、交通工具的车次或班次、到达目的地的时间、住宿的酒店、活动的项目安排等（如表2-5所示）。旅行日程表应按时间顺序进行编号，获得领导的同意后，复印成4份，1份存档，2份给领导及其家属，1份留给自己。

2. 领导出差期间的工作

动身之前，秘书一定要再仔细检查一下领导是否有什么东西忘记带了，提前3天安排好送站的车。把领导送上汽车或飞机之后，秘书要立即打电话通知对方接站的时间，并在第一时间掌握领导到达后的联系方式，必要时通知其他相关人员。

领导出差期间，秘书应做好日常事务工作，随时记录一些主要事情及处理结果，以便领导回来后能了解工作状况，遇到重要而且紧急的事件，要马上与领导取得联系，请求指示。领导出差时，秘书应积极配合领导授权人的工作，及时掌握公司业务相关信息，与领导保持密切联络，定时向他（她）汇报公司工作的开展情况。

3. 领导出差归来

（1）确认领导回来的时间，前往接站。同时，及时地向领导汇报出差期间公司的重要事务和业务情况。

(2) 协助领导整理出差资料,包括文件、图片、合同、协议、名片、会谈记录等,可根据需要将领导出差的经过和结果写成出差总结,交给有关部门传阅。

(3) 核算差旅费并向财务部门报销。

(4) 需要的话,向出差地的招待单位和人员致感谢函。

4. 办理出国旅行

随着我国市场经济的发展,对外交往越来越频繁,领导的涉外业务也越来越多,为领导办理出国旅行,除了做与国内旅行一样的准备工作之外,秘书还应熟悉出国旅行手续的内容和程序,以适应工作的需要。

(1) 撰写出国申请

申请表内容一般包括出国事由、出国路线(外国公司所在国名称)、出国组团的人数、出国日程安排(出国时间、在国外活动、回国时间等)。申请表正文后要附上外国公司所发的邀请函和出国人员名单,要写清出国人员的姓名、年龄、性别、职务/职称等内容。

秘书撰写好出国申请后,送交领导审阅,再递呈给当地公安局的出入境管理处批准。

(2) 办理护照

护照是一个国家公民出入本国国境和在国外旅行或居留时,由本国发给的一种证明公民国籍和身份的合法证件。我国的护照分为外交护照、公务护照、普通护照3种。普通护照又可分为因公的和因私的2种。凡是出国人员均应持有本国政府颁发的护照。

办理护照时须携带上级主管部门的出国任务批件、出国人员政审批件、所去国公司发的邀请函、2寸正面免冠半身照片。外交护照、公务护照和因公普通护照,由外交部或其授权机关(各省、市、自治区的外事办公室)办理,因私出国护照由公安部授权机关办理。填写有关卡片和申请表时应认真准确,并仔细检查填写项目,拿到护照后,再次核对检查每位出国人员的姓名、出生年月、籍贯和地点是否有误,有无授权发照人的签字和发照单位的盖章、发照日期和有效期有无问题等,并在签字处签名。

(3) 办理签证

办好护照后,还应到所去国驻我国大使馆或领事馆申办签证,可委托中国旅行社签证代办处代办,也可委托发出邀请函的公司前往该国有关部门办理。签证是各主权国家发给外国和本国公民出入国境或在本国停留、居住的许可证明。若把护照看成是身份证,签证就是出入证。签证一般做在护照上或其他身份证件上。

办理签证有时要花费较长的时间,因此应尽量提前办理。取得签证后要注意查看签证的有效期及证明机关是否签字盖章,要在有效期内入境。

(4) 办理《国际预防接种证书》

该证书俗称"黄皮书",它是国际卫生组织为了保障出入国境人员的人身健康,防止牛痘、霍乱、黄热病等传染流行所要求的证明。如果出入境者没带黄皮书,海关卫生检疫人员有权拒绝其出入境。出国人员可凭护照和签证到当地卫生检疫部门进行卫生检疫和预防接种后领取黄皮书。领到黄皮书后,应仔细检查一遍,看姓名、性别、出生年月等各项内容是否符合本人情况,检疫机关的盖章、医生的签字是否清晰,已接种的疫苗是否填写。

(5) 办理出入境登记卡

办妥了上述手续后,秘书再携带出国人的护照、签证、户口簿、身份证办理临时出境登记手续。

(6) 订购机票

订购机票可在国内各航空公司及其售票代理点办理购票手续，也可在外国航空公司驻我国办事处办理。订购时须出示护照，拿到机票后须认真核对票面内容，检查内容包括：姓名的拼音是否与本人护照上的一致；每个航班是否都有乘机联；每个航班的起落时间、机场名称是否正确；订座栏内是否填好"OK"；各项内容是否清晰、无涂改；是否盖有公章。

(7) 办理保险

可通过代理人由保险公司办理，以便在发生意外事故，如疾病或行李丢失时，把损失降到最低。

出国旅行前的其他准备工作与国内旅行的准备内容基本相同，如编制旅行方案、准备相关文件资料和各种证件、准备随身物品等。

考虑到环境、语言、风俗习惯等方面的差异，秘书应充分利用网络资源，尽可能多地搜集一些所去国的背景资料（历史、地理、文化、风俗、礼仪等），以供领导参考。

秘书要为领导购买少量外币现钞，以便抵达时支付各项杂费。大额外汇的支取或兑换按有关规定到银行办理。

秘书还应掌握国际的时差换算方法，国际上统一以英国格林尼治时间（GMT）为标准时间。地球的2个半球分为东八区和西八区，东八区时间比GMT早，西八区比GMT晚。通常计算是以经线划分，即格林尼治以东，每15°加1小时，以西，每15°减1小时。对于出国人员来说，调整时差必不可少。秘书最好能在日程表上注明北京时间和当地时间，为领导工作提供方便。

2.4.4 参考答案

任务的参考答案如表2-6、表2-7所示。

表2-6 徐福总经理旅行日程表

日期	时间	交通工具	地点	事项	备注
9月16日（星期三）	7：00－7：15	公司派车	车上	从家出发到首都机场	先去孟经理、韩工家，再去您家
	8：20－10：00	民航班机MU5101	飞机上	从北京飞往上海	
	10：10－10：40	九州公司接机车	路上	从虹桥机场到凯旋酒店	接机李秘书手机13987654321
	10：40－13：20		凯旋酒店	休息与午餐	您住612房间，孟经理和韩工住613房间
	13：30－13：50		酒店1号会议厅	会议开始。九州公司许总致辞	
	13：50－16：00		同上	新产品介绍展示	产品资料在公文包第一层

续表

日 期	时 间	交通工具	地 点	事 项	备 注
9月16日（星期三）	16:00—17:00		酒店2号展厅	室内外灯光效果设计展	照相机在旅行箱里
	18:00—19:30		酒店2楼宴会厅	参加晚宴	
9月17日（星期四）	9:00—11:00		酒店1楼样品厅	对所有样品进行初选	
	11:00—12:30		同上	正式订货并签订产品订货合同	合同对方已经准备
	12:30—14:30		酒店2楼宴会厅	午餐与休息	确认次日机票
	15:00—16:30		青浦区××路×号	拜访赵先生	礼物在旅行箱里
9月18日（星期五）	9:00—9:30	九州公司车上	路上	去虹桥机场	
	10:30—12:10	民航班机MU3103	飞机上	从上海飞往北京	
	12:20—12:35	公司派车	路上	从机场接回公司	

表2-7 徐福总经理旅行提示单

请您携带好身份证、手机、现金、信用卡等。
来回机票已预订，到机场凭身份证即可取票。
九州公司的介绍材料、产品资料在公文包第一层。
上海市区交通图、邀请函、笔、笔记本、名片在公文包第二层。
您的衣物、照相机、雨伞、礼品都在旅行箱里。
上海凯旋酒店总机号码是021-81234567，您房间电话是021-87654321。
赵先生的住所离凯旋酒店大约20分钟的车程。

项目 3
接待工作实务与训练

◆ 接待工作是指秘书对一切来客、来宾、来访、来电的接洽和招待，是秘书部门日常事务中一项经常性的工作。它包括对来客、来访、来电礼貌性的接待和对来客、来访所涉及的事务处理工作。秘书部门作为对外联系的"桥梁"和"窗口"，他们的精神状态、言谈举止、着装打扮等都会直接影响企事业单位的形象，因此，秘书要努力掌握接待工作的方法和技巧，不断提高个人的综合素质，主动、热情、周到地做好这项工作。

任务 1　日常接待

3.1.1　任务描述

情境 1：周秘书正在打一份文件，两位中年男子走进了办公室。周秘书马上停下手中的工作，面带微笑地起身问候。对方是远大公司的高级工程师，约好今天下午和总经理面谈业务。周秘书把他们带到会客室，送上饮料和报纸，然后通知上司。待总经理与客人寒暄坐定，周秘书退出会客室，并带上房门。

情境 2：下午，罗秘书正在清理桌上的文件，忽然看见一位客人径直朝总经理办公室走去。罗秘书赶紧叫住他。客人说："我是你们徐总的初中同学，上周我还跟他打过电话呢。"罗秘书说："对不起，请稍等一下。"边说边快速翻了一下预约登记，发现对方没有预约。罗秘书马上用电话跟总经理联系，总经理表示："这个人我不想见，你帮我挡一下。"请演示罗秘书怎样处理这件事。

情境 3：上午 9：55，赵先生来到了你的办公室，他和徐总经理约好 10：00 见面。而此时总经理正与另一位重要客人热烈地交谈着，会客室里不时传来两人爽朗的笑声。作为秘书，你应该如何处理这种局面？

情境 4：艺海文化用品有限公司总经理告诉秘书王小姐，今天上午要集中精力整理几份重要资料，不希望被任何事情打扰。但不久，办公室来了一位陌生人，说要向总经理推荐他们的一种新产品油画笔。王秘书该如何接待推销员？请演示秘书的处理方式。

情境 5：14：00，两位预约的客人刚刚到，另一位重要客户却突然急匆匆地来到办公室，要求马上见到盛总。请演示秘书接待处理的情景。

3.1.2　任务实施

1. 实训目的

通过训练，使学生熟悉秘书日常接待工作的程序和要求，掌握预约来访接待、不速之客接待、为上司"挡驾"的一般方法，掌握日常接待工作中的礼仪规范，培养服务意识，提高公关与交际能力。

2. 实训要求

（1）学生以每 10 人为一组，分组讨论上述情境的应对措施。

（2）每个小组的学生分角色扮演，完成以上 5 个接待情境，每人都要轮演秘书和客人。

（3）用摄像机拍下每组演示的过程，演示完成后，通过计算机回放录像，每组讨论本组实训过程中表现得好与不足的地方，最后确定小组中心发言人在全班总结发言。

3. 实训流程

预约接待：

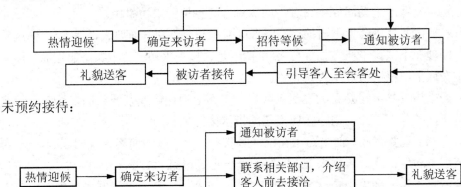

未预约接待：

3.1.3 任务分析

秘书的接待工作是展示组织形象、体现工作效率和服务水平的重要窗口，大多数时候，秘书接待的是个人来访，有时有预约，有时没有预约，这种日常的接待工作有以下的基本程序和要求。

1. 迎接来访者

不论来访者的身份级别是高是低，也不论对方是有约来访还是不请自来，秘书都应以诚恳、热情、公平、良好的形象迎接来客，做到：见到客人的第一时间，应立刻停下手边的工作和谈话，站起来，注视对方，面带微笑主动问好。

2. 确定对方身份，查对预约登记

见面问好之后，秘书应及时了解客人的身份，查对预约登记。如果对方是如约前来，秘书事先已有心理准备，只需把客人引至会客地点，然后通知被访者即可。如果来客没有预约，秘书应在了解对方的身份及来访目的后，视具体情况做好分流接待工作。

3. 接待预约来访者

（1）将来访者引至会客处，请其稍候，然后走至被访者办公室告知（引导客人前应快速收拾好桌上的文件，保存并关闭电脑中的重要资料）。

如果是第一次上门的客人，秘书须陪同被访者进入会客室，并为双方作简单介绍，介绍时应遵循惯例，将主人、身份低的人、年轻的人、男士介绍给客人、身份高的人。介绍完毕做好茶水服务之后，再轻轻退出，并带上房门。

（2）如果客人来得比较早，被访者不能马上接待，秘书应请客人入座，递送茶水，提供书报、企业宣传资料等供客人排遣时间，妥善招待等候。

（3）被访者会客结束，秘书应礼貌送别来访者，提醒和帮助对方拿好所带物品，主动为客人取好衣物。必要时，秘书还应将客人送至电梯间、公司大门口或轿车边，目送客人离去后，才能往回走。来访者离开后应对来访情况进行记录。

4. 接待未预约来访者

（1）礼貌友好地主动问候来访者，问清对方的身份和来访事由。

（2）若来访者是要会见上司的，不要直接回答在或不在，而要告诉对方："请稍等，我去看看总经理在不在。"随后去上司办公室请示是否接受来访。若上司不愿见面，秘书可以上司不在或上司很忙为理由委婉拒绝。

（3）若来访者是上司熟识的上级、客户、工作上的伙伴或亲属、朋友，应引领客人到会客室就座，并马上通知上司，按照上司的指示接待。

（4）若来了重要客人，而上司不在或一时联系不上，应该向客人说明原因，表示歉意，并请对方留下通信方式，告诉来客："总经理一回来我就联系您。"

（5）若是不需要会见上司就能解决问题的来访者，秘书应设法联系相关部门或人员，看是否能介绍客人前去接洽。在无法安排接待的情况下，应请对方留言和留下联系方式或视情况预约改天会见。

5. 同时接待多批来访者

在客人较多的时候，秘书要注意热情礼貌，周到安排。一般情况下应该按照先来后到、一视同仁的原则接待，否则会让等候的客人感到厚此薄彼，心里不舒服。但也有例外，如先来的客人无既定目的，而后来的客人有要事相商；或先来的客人是平级、下属，而后来的客人是上级、贵宾，在这种情况下，在征得双方的同意后，可与后来的客人先谈。

6. 协助上司暂停或中止会客

上司在会晤的过程中，秘书一般不应打扰，但是如果遇到重要、紧急的来电或来人，要学会灵活处理。此时秘书应请对方稍候，然后迅速记下对方的姓名、身份和事由，走进上司办公室，递交给上司，或用内部电话通知上司。

上司约见来客的时间都是有限的，但谈兴所至，难免会耽误下一位来客的约见时间，打乱原定的工作安排，此时秘书可出面协助上司中止会客，通常的方法有：打内线电话提醒；递送纸条告知；直接当面提醒上司，约见时间已到，下面还有事情需要处理。此时客人便会起身告辞，上司亦可恰当地掌握时间，结束会晤。

任务2 团体接待

3.2.1 任务描述

天津康达建筑工程公司总经理李汉达应我公司（浙江恒泰利建材集团）张强总经理邀请，将于5月9日至12日来我公司参观考察。李总一行6人（除李总外有4位部门负责人、1位秘书，均为汉族，其中女士2人。李总经理此行主要是参观我厂生产车间、生产规模和经营项目，考察学习我厂近年来技术改革经验，洽谈技术合作事项。12日上午离杭。

现在假设你是公司总经理办公室秘书戴华，请制作接待方案，并负责此次接待活动的筹备、协调工作。

3.2.2 任务实施

1. 实训目的

通过训练，使学生熟悉团体接待工作的程序和要求，能够根据接待对象确定相应的接待规格，拟订接待方案，具体安排各项接待事项，提供热情、周到、细致的联络、服务和后勤保障工作，充分发挥秘书接待工作的桥梁、纽带作用。

2. 实训要求

学生以每10人为一组，利用综合实训室的场地和设备，完成以下任务：
（1）讨论团体接待工作的基本程序和各项细节。
（2）讨论并拟订一份接待方案。
（3）按照方案的情景设计步骤开展实训，包括准备接待材料和礼物、预约酒店食宿、安排交通工具、迎接来宾、宴请、商议日程、会见会谈、参观考察、娱乐招待、送别来宾、善后工作。

3. 实训流程

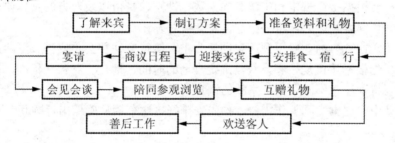

3.2.3 任务分析

团体来访一般人数比较多，日期比较长，事情也比较复杂，来访者的食、宿、行、会谈、参观、娱乐等活动都需要提前做好安排。因此，团体接待工作比日常接待要复杂得多，它往往会涉及单位更多的人和事。接待工作是否细致、周到，对来宾的心理起着不可忽视的影响。

1. 了解来宾情况，确定接待规格

为了做好接待准备工作，秘书应该事先掌握来宾的基本情况，包括来宾的人数、此行的目的、姓名、性别、年龄、职务、民族（国籍）、信仰、生活习惯、抵离时间、乘坐的交通工具、航班、车次等。对这些情况了解得越多，接待的准备工作就能做得越充分。

接着，秘书要把掌握的来宾情况提供给上司，并和上司讨论确定接待规格。接待规格主要取决于接待方主陪人的身份，有高规格接待、对等接待、低规格接待三种。高规格接待是主要陪同人员比主要来宾的职位高的接待方式，它表明对被接待一方的重视和友好。

对等接待是主要陪同人员与主要来宾的职位相当的接待，这是最为常用的接待规格。低规格接待是主要陪同人员比主要来宾的职位低的接待，常用于基层单位。

2. 制订接待方案

根据上司确定的接待规格，秘书部门应进一步制订出详细明确的接待方案。内容包括：来访的起止时间，来访期间活动的日程安排（会见、会谈、文艺娱乐、参观游览等接待活动内容的具体安排），主要陪同人员，主要工作人员，住宿地点、标准、房间数量，宴请时间、地点、标准，接待经费预算等。接待方案拟好交由上司审阅，获得批准后及时印发给各有关部门和人员，以便提前明确接待任务，做好准备工作。

3. 准备接待材料和礼物

需准备的接待材料主要包括三种：一是来访方的背景材料，如人员构成情况、公司经营情况、与本次来访目的相关的材料等；二是我方汇报介绍类材料，如产品说明书、工艺流程介绍、广告宣传资料等；三是礼仪类材料，如欢迎词、欢送词、祝酒词、答谢词等。

团体接待尤其是涉外接待活动中常常要赠送礼物或纪念品给对方，秘书应该根据来宾的风俗习惯、禁忌和喜好选择礼物或纪念品，礼物应能体现民族特色和地方特色，有纪念意义但经济价值不必过高。

4. 安排好食宿和交通

接待人员要根据接待规格和来访者的人数、性别、身份以及对方的具体要求，预订好酒店房间，并在宾客到达后，将房间安排表交给对方。

团体来访在饮食方面一般以酒店自助餐为主，接待方往往会再安排一至两次的正式晚宴，因此要事先根据接待规格和人数，确定宴请的时间、地点、席数和标准，提前指定菜谱，点菜时要特别注意不同民族、宗教的饮食禁忌。

接待活动中应根据实际工作需要，预先安排好接送车辆，确保出行顺利。

5. 迎接来宾

到车站、机场迎接客人，应提前到达迎候，以示对来宾的尊重。第一次见面，迎接时要准备接站牌，竖起醒目的标志。客人到达时，迎接人员应主动上前握手问候，并作自我介绍，待双方相互介绍过之后，再陪同客人乘车前往住处或预定地点。

6. 商定并印发日程表

客人到达之后，主方秘书需跟对方秘书商定具体的活动日程安排，并将日程安排表印发给所有来宾和我方有关的接待部门和接待人员，让每个人都做到心中有数。

涉外接待应更注重程序和礼仪，客人下榻酒店之后，主方负责人应到宾客下榻处进行礼节性拜访，秘书随行，并同客方商定日程。

7. 宴请

宴请是接待工作中最常见的接待形式之一，在饮食方面，由于地域、民族、宗教等方面的原因，有些食物对客人来说是禁忌，因此秘书在宴请前应充分了解客人的风俗习惯，坦率询问客人的喜好与禁忌，以便根据实际情况安排菜单。宴请活动的具体安排和宴请礼仪详见任务 3。

8. 安排好会见、会谈事宜

秘书应根据日程安排做好会见、会谈的准备工作并提供现场服务，如布置会议室、排定座次、合影安排、发言材料、产品陈列、操作展示、茶水服务等。

9. 安排好参观、娱乐活动

在接待活动中接待方常常会适当地安排一些参观、游览、娱乐活动，以表示对来宾的尊重和友好，秘书应陪同、介绍，并负责交通、餐饮、联络等工作。

10. 欢送客人

客人访问结束时，秘书应提前为客人代办好车、船、机票，陪同上司或相关人员前往机场、车站为来宾送行，也可去客人下榻的酒店送行。送客和迎客同等重要，应做到善始善终。

11. 善后工作

接待工作完毕后，秘书及经办人要认真做好善后工作，如整理文件和物资、结算经费、撰写接待总结等，并及时向上司汇报接待情况。

3.2.4 参考答案

本任务的参考答案如例文所示。

关于接待天津康达建筑工程公司李汉达一行的方案

应我公司邀请，天津康达建筑工程公司总经理李汉达一行 6 人，将于 5 月 9 日（星期一）至 12 日（星期四）对我公司进行参观考察，主要是参观我厂生产车间、生产规模和经营项目，洽谈技术合作事项。康达公司这些年与我公司一直保持着友好亲密的合作关系，对于李总经理一行的来访，我公司应予以热情、周到的接待。

一、食宿安排：客人下榻杭州喜洋洋大酒店，安排小套间 1 套、标准间 3 套（其中 2 套住 2 人、1 套住 1 人）；在酒店餐厅用餐，自助餐标准按规定 80 元/人。

二、迎送：客人抵、离时，由我公司总经理张强率秘书戴华、销售部卢经理、技术部郑经理前往迎送（抵达航班是天津—杭州 MF694，9 日下午 14：00，由公司专车接送至酒店）。客人抵达后，戴华负责与客人商定活动日程。

三、宴请：9 日晚 18：00，总经理张强、副总经理楚南天在酒店 6 号包厢宴请李总一行，销售部、技术部负责人作陪。标准 3000 元/桌，包括 6 个凉菜、8 个热荤菜、6 个热素菜、4 样水果、4 样点心，上五粮液酒、中华烟。

四、座谈：10 日上午 9：00，我公司各部门经理在公司三楼会议厅与客人见面并座谈。由楚副总主持，张总经理致欢迎词，同时介绍公司情况并回答客人提出的问题。

五、参观考察：10 日上午 10：00—11：30，楚副总和技术部郑经理陪同李汉达一行参观我厂1号和3号生产车间，介绍生产规模及技术改革项目。

下午14：00—15：00，参观2号生产车间，15：00—16：00，参观公司展览室，销售部卢经理介绍今年主要经营项目。

六、签订协议：11日上午9：00，在三楼会议厅，张总、楚副总及销售部卢经理与客人再次座谈，签订《技术业务合作协议》。草案由戴华负责撰拟，双方总经理会前审定。

七、游览：11日下午13：00，人力资源部、销售部负责人陪同李汉达经理一行游览西湖风景区。

八、送行：12日上午9：40，客人乘车赴机场。由张总经理、秘书戴华、销售部卢经理送行，并赠送纪念品。

九、结账：12日下午13：00，套间每天380元、标准间每天280元，戴华负责。

十、客人在杭期间的交通保障，由总经理办公室负责安排12座面包车一辆。

任务3 宴请接待

3.3.1 任务描述

天津康达建筑工程公司总经理李汉达一行6人（其中4位部门负责人，1位秘书，均为汉族）来我公司（浙江恒泰利建材集团）参观考察，双方建立了技术合作关系。我公司很重视此次来访，张总经理打算在五星级的酒店宴请招待，要求秘书戴华为他安排一下。

参加宴会的人除了张强总经理、楚南天副总经理外，还有销售部和技术部的负责人，加上对方6人，总共10位。大家热情寒暄后，宴会开始了。席间我方热情款待，客人亦积极配合，交流热烈而愉快，宾主尽欢，相得而乐。

3.3.2 任务实施

1. 实训目的

通过训练，使学生了解宴请的种类，掌握宴请准备的工作内容，掌握座位、桌次安排的方法，熟悉宴请活动的程序，行为举止符合礼仪规范。

2. 实训要求

学生以每10人为一组，利用综合实训室的场地和设备，完成以下任务：

（1）讨论宴请接待工作的基本程序和各项细节。

（2）对宴会桌的座次进行安排，画出圆桌和方桌示意图各一张（标明张强、楚南天、销售部卢经理、技术部郑经理的位置，并根据宾客身份重要程度，标示1~6个座位号）。

（3）演示秘书戴华陪同总经理在酒店大门口迎接客人、引导入席的过程。

（4）演示张强总经理、李汉达总经理分别致辞、敬酒的场景。

（5）演示散席送客的情景。

3. 实训流程

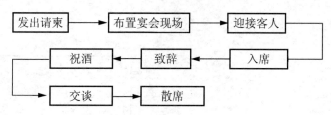

3.3.3 任务分析

宴请是表示对来访者的尊重和欢迎的一种礼节,是接待工作中最常见的接待形式之一。陪同上司宴请和为上司安排宴请是秘书工作的一项重要内容,因此,秘书必须掌握宴请准备工作的要点,了解宴会基本程序和礼仪要求,周密策划,妥善安排,才能保证宴会的顺利进行。

1. 宴请的准备

（1）确定宴请的规格、时间、地点和出席名单

应根据宴请的目的和主宾的身份地位、职务级别,确定宴会的规格。

宴会的时间要提早确定,并列入接待的日程,具体安排须根据主宾双方情况而定,一般不应与宾客工作、生活、风俗禁忌发生冲突,如不要安排在对方的重大节假日或重要活动之际,基督徒忌讳"13",穆斯林在斋月内有白天禁食的习俗等。

宴会的地点一般安排在宾馆或酒店内,最好是自己比较熟悉的地点,一旦发生意外事件方便协商处理。要选择一个通风良好、布置高雅、宽敞明亮的包房或宴会厅。

确定主宾双方的出席人员时要考虑宴请的性质、目的、主宾的身份、双方的关系和惯例,出席名单由秘书草拟,最后由上司确定。

（2）发出请柬

正式宴请一般都会发请柬,以示郑重。请柬通常要提早一周至两周发出,以便被邀请者早作准备,已经口头约妥的活动,仍应补送请柬。请柬上应写明宴会的名称、形式、时间、地点、主办方或主办人的姓名。

（3）确定菜单

宴会的菜单要结合宴请的形式、规格和开支预算来确定,避免奢侈和浪费。选菜要考虑主宾的饮食习惯和禁忌,菜式既要注意通行的规则,最好又要有地方特色,做到有冷有热,荤素搭配,营养丰富,味道多样。

菜单应事先开列,经主管或上司确定后方可印制。

（4）排定席位

便宴、酒会等一般宴请可不排席位,由宾客自由入座。

正式宴会都要事先依据礼宾次序排定桌次和座次,以示对来宾的尊重。同一桌上座次的安排以离主人和副主人（或女主人）的座位远近而定。主人与副主人相对而坐,主宾与副主宾分别坐在主人与副主人的右侧,主客穿插而坐。常见的座次安排如图3-1、图3-2所示。

桌次安排应以主桌为基准,主桌安排主宾,其余桌次高低以离主桌位置远近而定,也

要遵循"近高远低，右高左低"的原则，排定之后须摆上桌次牌。常见的桌次安排如图 3-3～图 3-6 所示。

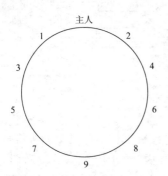

图 3-1　宴会座次图（1）

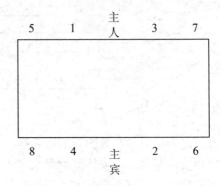

图 3-2　宴会座次图（2）

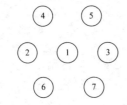

图 3-3　宴会桌次图（1）

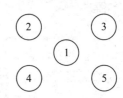

图 3-4　宴会桌次图（2）

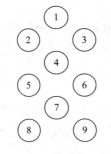

图 3-5　宴会桌次图（3）

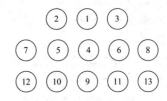

图 3-6　宴会桌次图（4）

2．宴会的程序

（1）迎接客人

宴会开始前，主人及作陪人员应当提早 10 分钟站在大厅门口迎接客人。宾客到达时，主人要主动迎上去握手问好，如有休息室，可先引领客人进入休息室休息。等候时，主人可介绍来宾与主宾相识。开席前主人应当陪同主宾一道入席，作陪人员安排照顾其他客人就座。

（2）入席

正式宴请应事先在桌上放好座位卡，使客人知道自己坐在哪里。引导宾客入座时，主方招待人员一般按照先女宾后男宾、先主宾后普通来宾的顺序，安排宾客相继入席。

（3）致辞和祝酒

宴会开始，主人要先致祝酒词，然后客人致答谢词，也可在宴会进行到中间时致辞。

致辞时参加宴会的人员应暂停饮食，专心聆听，以示尊重。致辞者应起身站立并右手持酒杯，面带微笑，目视祝酒对象。祝酒词应热情、明快，不必太长，可事先写好，按稿宣读。

（4）结束宴会与告别

宴会一般以不超过 2 小时为宜。服务人员端上果盘意味着宴会快要结束了，吃完水果后即可离席。此时，主人可以向主宾示意，请其作好离席准备，然后就可以起立，宣布宴会结束。送客时，主人应先将主宾送至门口，热情握手告别。待主宾离去后，主方作陪人员和招待人员应顺序排列，与其他宾客礼貌握别。

3. 用餐礼仪

入座后，不要立即动手取食，而应等待主人示意。保持端正的坐姿可以留给别人一个好印象，身体要端正，脚不宜伸向两边，不可跷足，以免碰到邻座，双手放在膝上或手腕轻靠在餐桌边缘，但不可将两只臂肘都摆到桌上。当主人示意用餐时，可把餐巾打开，平铺在双腿上，不要将餐巾别在领子上，也不要在手中揉搓。如中途要离席，可将餐巾对折两下，整齐地放在桌上。餐巾可擦拭嘴唇或手指，但不可用来擦刀叉或碗碟。

桌中间的转盘要顺时针转，转到自己面前时，再动筷子，一次夹菜不宜过多。夹菜时应先用公筷或汤匙取到自己的餐盘中，再用自己的筷子慢慢食用。用餐过程不要玩弄碗筷或用筷子指向别人。进食要细嚼慢咽，决不能大块大块往嘴里塞，不要发出声音，嘴里塞满食物时不要讲话。喝汤时如果汤太烫，等一下稍凉再喝，不可以对着汤吹气，不可发出"嘶嘶"的声音。

骨头、鱼刺或不好吃的部分，可用餐巾掩口，用手或筷子取出来放在餐盘的边缘，不要吐在餐巾里或留在餐桌上，吃不完的食物也应该留在自己的餐盘里。打喷嚏或擦鼻涕时，应该用餐巾按住口、鼻部，同时稍微侧身，免得引起人家注意。尽可能避免在众人面前剔牙，剔牙时应用手或餐巾掩住嘴。不可在餐桌前补妆或梳理头发，尽量避免在餐巾和杯子上沾染口红。

宴会进行中，若发生异常情况，如打翻酒水或餐具摔落在地等，应沉着应对，一边表示歉意，一边迅速擦干或请服务员另送一副餐具。

用餐时可以跟邻座谈一些愉快的话题，不能高声同远处的人谈笑。用餐结束后，同席客人起身离席时，可随着众客人一起离席，到门口跟主人握手告别后便可离开。

吃西餐大多使用刀叉进食，使用餐具的基本原则是由外至内，右手持刀或汤匙，左手拿叉。正确的持刀姿势是五指轻握在刀柄处，食指按在柄上。切东西时左手拿叉按住食物，右手执刀将其切成小块，然后用叉子送入口中。刀叉尽量避免与餐盘碰触发出刺耳响声。进餐中如果想放下刀叉略作休息，应把刀叉以"八"字形，摆在盘子中央，刀刃向内，表示还要继续吃。每吃完一道菜，将刀叉并拢放在盘中即可。与人交谈可以拿着刀叉，无须放下，但若需要做手势时，就应放下刀叉，因为边说话边挥舞刀叉是失礼举动。

吃面包时要注意，不能用叉子将面包叉起来送入口中，而应先用两手撕成可以一口吃下的小块，抹上黄油或果酱再放入口中，吃一块抹一块，不要图方便将整个面包都抹上黄油。吃硬面包时，用手撕不但费力而且面包屑会掉满地，此时可用刀先切成两半，再用手撕成块来吃。

喝咖啡时，可自取牛奶或白糖加入杯中，用小茶匙搅拌后，茶匙仍放回小碟内，喝时右手拿杯把,左手端小碟。吃水果时,不要拿着水果整个去咬,应先用水果刀切成4瓣,再用刀去皮、核,然后用叉子取食。

女士们在进食前,要先用餐巾轻拭嘴唇,以减淡唇膏留在杯上的痕迹。喝水、酒时尽量固定在一个位置喝,以免整个杯口都布上唇印。手提包、钥匙、帽子、手套、眼镜、香烟等和用餐无关的物品都不要放在餐桌上。

西餐进食切忌大口吞咽、速度过快,否则会显得失礼。咀嚼时嘴要闭紧,不可与人谈话。喝汤不要发出声音,如汤、菜太热,可稍待凉后再吃,切勿用嘴吹。吃面条要用叉子卷着送入口中,避免吸食。吃剩的菜,用过的餐具,都应放在盘内,勿置桌上。

3.3.4 参考答案

任务中的座次安排如图3-7、图3-8所示。

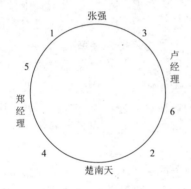

图3-7 宴会座次图(1)

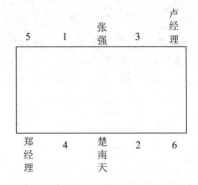

图3-8 宴会座次图(2)

任务4 接待工作中的礼仪

3.4.1 任务描述

天津康达建筑工程公司是一家具备国家一级资质的建筑施工企业,浙江恒泰利建材集团是一家集研发、生产、销售为一体的大型建材企业。双方为进一步加强合作,商定在杭州望湖大厦6楼举行会谈。恒泰利集团张总经理安排秘书戴华乘车去宾馆迎接对方李总一行4人,把他们接到会谈现场。

3.4.2 任务实施

1. 实训目的

通过训练,使学生全面了解接待场合及人际交往中的基本礼仪,熟练掌握握手、介绍、使用名片、乘车、引导客人的礼仪规范,提升个人职场礼仪素质和涵养,塑造良好的组织形象和个人职业形象。

2. 实训要求

学生以每 6 人为一组,其中 1 人扮演张总,1 人扮演戴华,其余 4 人扮演康达公司李总经理及随行人员。利用综合实训室,模拟表演以下接待工作场景:

(1)戴华在宾馆迎接客人的情景,重点训练握手、问候、自我介绍、递上名片的礼仪。
(2)戴华安排客人坐上轿车的情景。
(3)戴华引导客人下车,乘坐电梯到会谈现场的情景。
(4)戴华在会谈现场为双方作介绍并引导客人就座的情景。

用摄像机拍下每组演示的过程,演示完成后,通过计算机回放录像,每组讨论本组在实训过程中表现得好与不足的地方,最后确定小组中心发言人在全班总结发言。

3. 实训流程

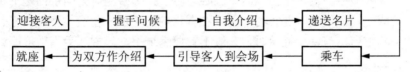

3.4.3 任务分析

礼仪是人们在社会交往活动中通过穿着、言谈、举止等,对他人表示尊重和友好的行为规范和惯例。规范、系统的礼仪,不仅能协调人际关系,使交往气氛和谐,更可以体现自身素质和业务修养,树立个人和企业良好的形象。秘书要做好接待工作,就必须掌握接待礼仪的相关知识,主要包括称呼、握手、介绍、递送名片、乘车及引导的礼仪。

1. 称呼的礼仪

称呼是指人们在日常交往应酬中,彼此之间所采用的称谓语。在人际交往中,称呼应正确、适当、合乎常规。工作场合,人们经常使用的称呼主要有以下几种。

(1)职务称呼:对方的姓氏后面加职务,以示身份有别、敬意有加,这是一种最常见的称呼。如周董事长、陆经理、吴处长等。

(2)职称称呼:对方拥有社会上备受尊重的专业技术职称的,在工作中可直接以其职称相称。如博士、教授、将军等,职称前可加上姓氏、姓名。

(3)行业称呼:在工作中,有时可按对方从事的职业进行称呼。如老师、医生、警官、会计等。

(4)性别称呼:这种称呼几乎适合于各种社交场合。对陌生人,男子不论婚否,可统称为"先生"。女子则根据婚姻情况而定,如对已婚的女子称"夫人""太太"或"女士",对未婚的女子称"小姐"。如不明其婚姻状况,可一律称之为"女士"。

(5)姓名称呼:在工作岗位上直接称呼他人的姓名或姓氏,如"林泽""黄思思""静彤"等,一般限于同事、熟人之间。中国人为表示亲切,有时视年龄大小要在姓氏前加上"老""小"等前缀,如老李、小赵等;对德高望重的长者,一般可在其姓氏后加"老""公"等字,以示尊敬,如沈老、陶公等。

2. 握手的礼仪

握手是一种最常见的礼节,相见、告别、恭贺、致谢都可以用握手表达情谊。

握手时伸手的先后顺序讲究颇多，一般的顺序是主人、长辈、上司、女士主动伸出手，客人、晚辈、下属、男士再相迎握手。若有人记错了握手的先后次序，如年轻者或下级抢先伸出了手，作为长者、上级最得体的做法就是立即伸手配合他，而不要置之不理，使对方难堪。

如果需要和多人握手，应注意握手的先后次序，先同性后异性，先女士后男士，先长辈后晚辈，先已婚者后未婚者，先上级后下级，也可以由近及远地依次与之握手。

握手时须用右手，双目应注视对方，微笑致意或问好，切忌左顾右盼，心不在焉。多人同时握手时应顺序进行，避免交叉握手。握手的时间要恰当，如初次见面，一般握两三下就行，时间以3秒钟左右为宜；对关系亲近的人或要表示自己热烈的感情时，可以较长时间地握手。切忌握住异性的手长久不放，以免招致对方反感。

握手时力度要适当，过于用力或漫不经心地用手指尖碰触对方的手都是不礼貌的。

戴着手套或墨镜握手是失礼行为。男士在握手前要先脱下手套，摘下帽子。女士则可以戴着薄纱手套。男士与女士握手时，一般不宜握满全手，只握其手指部位即可。

3. 介绍的礼仪

在接待活动中，有三种常见的介绍方式：自我介绍、他人介绍和集体介绍。

（1）自我介绍就是将自己介绍给其他人，使其他人认识自己。自我介绍时应先问候，再向对方介绍自己的姓名和工作单位，如"您好，我叫韩晋，是万群公司销售部的经理"。在介绍时要注意对方的反应，若双方有意作进一步的交流和沟通，则介绍内容可以丰富一些，若对方无明显的交往之意，就该适时停止。介绍时要实事求是、把握分寸，不要自吹自擂、盛气凌人，也不必过分谦虚。

（2）他人介绍是指由第三者为彼此不相识的双方引见、介绍的一种介绍方式。他人介绍通常是双向的，即将被介绍者双方各自均作一番介绍。

为他人介绍，要先征求双方被介绍者的意见，不要贸然行事。介绍时必须遵守"尊者优先了解情况"的规则：把年轻者先介绍给年长者，把职位低者先介绍给职务高者，把男士先介绍给女士，把家人先介绍给同事、朋友，把未婚者先介绍给已婚者，把主人先介绍给客人，把后来者先介绍给先到者，将本国人先介绍给外国人。

介绍时语言要正规，如"请允许我来为两位引见一下。这位是康达公司市场部的蔡玲经理，这位是恒泰利集团副总楚南天先生。"或"大家好！这位是广州深秀公司业务部的裘宇先生。"此时，介绍人和被介绍人都应起立，以示尊重和礼貌。待介绍完毕后，被介绍双方应微笑点头示意或握手致意并说"您好""幸会""很高兴认识您""久仰大名"等客气话表示友好。

为他人作介绍时，手势动作应文雅，手心朝上，手背朝下，四指并拢，拇指张开，面带微笑，指向被介绍的一方，不可以用手指指点点。

（3）集体介绍是他人介绍的一种特殊形式，被介绍者其中一方或者双方都不止一个人。进行集体介绍时若被介绍者双方地位、身份存在差异，应把职位低的介绍给职务高的；当被介绍者双方地位、身份大致相似时，应把人数较少的一方介绍给人数较多的一方；在演讲、报告、比赛、会议时，一般只需将主角单向介绍给广大参加者。

4. 递送名片的礼仪

在现今的社交场合，初次相识，最好的自我介绍就是递送名片。递交名片和接受名片时都要注意运用相应的礼节。

交换名片的顺序一般是"先客后主，先低后高"，即客人先把名片递给主人，年轻的或地位低的先把名片交给对方。

递名片时，眼光要正视对方，用双手呈递给对方，将正面朝向对方，同时说："您好，我是××，请多指教。"

接受名片时要恭敬地双手承接，以示重视。接过名片后要仔细过目或轻声念一遍对方的姓名、头衔，有不明之处可向对方请教，然后装入上衣口袋、名片夹里或其他稳妥的地方。接受的名片不可随手乱放或在上面压上其他物品。

接受对方名片后，应把自己的名片也送给对方，若没有应向对方致歉说明，并告知联系方式。一般不要直接向别人伸手讨要名片。

5. 乘车的礼仪

汽车是现代职场中使用最多的交通工具，其中双排五座的小轿车最为常用，其座次安排通常有 2 种情况：如果有司机驾驶，则以后排右侧靠窗为首位，左侧靠窗次之，中间座位再次之，副驾驶座为末席；如果由主人亲自驾驶，则其座次尊卑依次为副驾驶座，后排右侧，后排左侧，中间座位（如图 3-9 所示）。假若是多排座的中型轿车，则无论是主人驾驶还是司机驾驶，均以前排为上，后排为下，右高左低（如图 3-10 所示）。吉普车无论由何人驾驶，都应以前排右坐为尊，后排右侧次之，后排左侧为末席（如图 3-11 所示）。

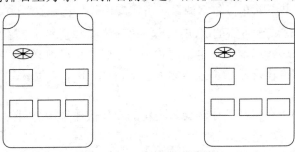

图 3-9　双排座轿车座次图

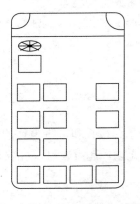

图 3-10　多排座轿车座次图

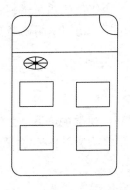

图 3-11　吉普车轿车座次图

上车时，接待人员要为客人打开右侧车门，请领导或来宾先上车，而后自己再从车后绕到左侧车门上车。下车时，接待人员应先下，再为领导或来宾打开车门。开关车门动作应轻缓，并适时为客人护顶。

6. 引导的礼仪

接待人员带领客人到达目的地，应该有正确的引导方法和引导姿势。

根据惯例，接待人员走在客人左前方二三步左右最合适，同时配合正确的手势：五指伸直并拢，手心斜向上，手从腹前抬起伸至身体前方，肘关节基本伸直，另一手下垂或背在背后，身体侧向来宾，面带微笑。

引导客人上楼时，应该让客人走在前面，自己走在后面；下楼时，则应该由接待人员走在前面，客人在后面。上、下楼梯时要让客人走楼梯的内侧，自己走外侧（内侧即绕着中心的一侧），注意不要走得太快。

进出电梯的时候，接待人员应先进电梯，按住"开"按钮，然后再请客人进来；出电梯时，接待人员按住"开"按钮，让客人先出去，然后快步上前引领。

任务 5　接打电话礼仪

3.5.1　任务描述

情境 1：主管秘书小陈在日尔空调专卖店值班，一天上午 10：00 接到青春路分店营业员小张的电话，说一位顾客所需的 XQB12 型号空调缺货。陈秘书翻看仓库记录，发现仓库也没有存货。陈秘书略作思索后打电话与和平路分店店长冯莉联系，得知有此型号空调，要求调货给青春店，再让营业员小张请顾客留下地址、电话，回家等候，1 小时后为其上门服务。

情境 2：钱经理正在召开工作例会，公司的合作伙伴华茂公司的杨总来电话要找钱经理。请演示秘书小叶接电话的情景。

情境 3：爱因斯坦玩具有限公司秘书蔡小姐接到东风贸易公司吴总的电话，说航班延误，下午才能到机场，到时想直接去展销会现场，但不知道怎么坐车，请蔡小姐告诉他。

情境 4：下午，胡秘书接到一位顾客的投诉电话，态度恶劣，口气强硬，且坚持要总经理亲自接电话。请演示胡秘书怎样处理这件事。

3.5.2　任务实施

1. 实训目的

通过训练，使学生熟悉电话接待工作的基本要求，掌握拨打和接听电话的礼仪规范和基本方法，能接听应对各种电话，信息记录、传递准确无误，态度友好，礼仪得当。

2. 实训要求

（1）学生以每 10 人为一组，分组讨论上述情境的应对措施。

（2）每个小组的学生分角色扮演，完成以上4个电话接待情境。

（3）用摄像机拍下每组演示的过程，演示完成后，通过计算机回放录像，每组讨论本组实训过程中表现得好与不足的地方，最后确定小组中心发言人在全班总结发言。

3. 实训流程

拨打电话：

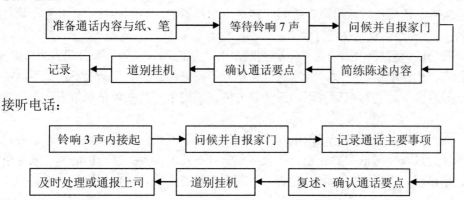

接听电话：

3.5.3 任务分析

在当今社会，电话以其独有的直接迅速、灵活方便的优点，日益成为人们工作和生活中最普遍的交往方式。接打电话是秘书日常接待工作中重要的一部分。正确使用电话能够创造愉悦的沟通氛围，提高工作效率，为个人和组织树立良好的形象，因此使用电话时一定要注意礼仪规范。

1. 拨打电话的规范

（1）选择适当的时间打电话，不要在他人的休息时间之内打电话。如每日上午8：00之前，晚上22：00之后，用餐时间和节假日；注意尽量避开临近上下班的时间。拨打国际电话时，还应特别注意时差。

（2）通话内容要简洁明了，珍惜时间，直奔主题，不讲空话、废话。

（3）拨打电话之前要理清思路，对于重要的电话最好提前列出通话要点或提纲，以免说错说漏，有关的文件资料要放在手边，以备随手取用，同时要备好电话记录单、便条纸和笔等用品。

（4）接通电话后要先说一声"你好"，再报上自己的姓名、单位及通话人姓名，如："你好，我是××公司办公室秘书鲁丽，请问庞俊先生在吗？"如果对方不是通话人，应有礼貌地请对方代找。如果通话人不在，则可留下自己的姓名、联系方式和通话内容，请对方转达，或表示过后再联系。必要时应记录对方的姓名、身份等，以便事后确认。如果发现打错了电话，应向对方道歉后再轻轻挂断。

（5）如果预计通话时间比较长，应首先礼貌地进行询问，如："庞先生，我想和你谈论一下广告计划的修改问题，大概需要占用你15分钟，不知你方不方便？"

（6）涉及重要事项或复杂的内容，应主动提醒对方做电话记录，并就记录内容进行核对确认。

（7）通话过程中受到干扰或通话临时中断，应主动再将电话打回去，并向对方解释和道歉。如正在打电话又碰上客人来访，原则上应先招待等候的客人。此时秘书可对话筒说："实在对不起，我手头突然有点事，5分钟后再给您打回去好吗？"但如果正在谈论的问题很重要，秘书应告知来访的客人稍等，然后继续通话。

2. 接听电话的规范

（1）接听电话要及时，尽量在铃响3声之内拿起话筒，否则会被认为失礼，此时应向对方道歉："对不起，让您久等了。"

（2）拿起话筒后首先应问候，然后自报家门："您好，这里是××公司人力资源部。"为他人代接、代转电话的时候，要注意以礼相待，及时传达。若受话人不在或不能接听电话，可请对方留下姓名和电话号码，或请对方留言，把主要的事项记录下来，表示将代为转达。

（3）在电话旁，要准备好记录纸和笔，并养成左手摘机、右手拿笔、随时准备记录的习惯。电话记录既要简洁又要完备，一般应包括以下几项内容：来电的时间、来电单位和姓名、电话内容、受话人的姓名、是否需要回复、处理结果、来电号码等（电话记录单如表3-1、表3-2所示）。

（4）专心聆听对方的讲话，并适当地随声附和"嗯""是""对""好的"，不要始终沉默，使对方误以为你不在听。涉及重要事项或复杂的内容，在记录下来之后要复述一遍，让对方核实无误。

（5）接到错打的电话也应该保持礼貌，不能用生硬的口气说一声"打错了"即挂断。

（6）一个电话未结束另一个电话铃又响起，此时正确的处理方法是：礼貌地请正在交谈的一方稍等，告诉他另外有电话进来，然后按下"闭音"键；迅速接听另一部电话，问清对方的姓名、目的，记录下电话号码，请其稍候或告之等会儿打回去，然后回到第一个电话上来。若第二个电话涉及的内容十分紧急、重要，则应向第一个电话表示歉意并解释有紧急事情需要处理，需要的话可约好时间再给对方回电话。

（7）通话完毕，应有礼貌地说"再见"，等对方挂断后，再轻轻地放下话筒，千万不能在对方一讲完话，还没来得及说"再见"就把电话挂了。也可遵循"谁拨电话谁先挂机"的原则，但是，如果对方是上级或长辈，就应该等待对方先挂机，以示尊重。

表3-1　电话记录单（一）

去电单位		收电人姓名	
电话号码		去电人姓名	
去电时间		年　月　日　时　分	
内容：			
备注			

表3-2 电话记录单(二)

来电单位		来电人姓名	
电话号码		收电人姓名	
来电时间	年　　月　　日　　时　　分		
内容：			
处理结果			

3. 妥善处理寻找领导的电话

（1）辨别重要来电。秘书接起电话后应尽快弄清来电人的姓名、身份和目的，根据以往的经验和惯例，判定来电的重要程度，再决定是否请领导接电话。如果实在无法判断，可以这样回答："陈总刚散会，请您稍等一下，我看看他在不在。"然后征求领导的意见，如果领导不愿意接电话，秘书就可以这样回答对方："对不起，现在陈总不知上哪儿去了，等他一回来，我马上转告。"

（2）领导不在时，秘书应向对方说明领导回来的大致时间，询问对方是否愿意留言、由别人代接、由自己代办或另定通话时间等。

（3）接听投诉电话。接听客户的投诉电话是一件具有挑战性的工作，此类电话往往一开口就要找经理或负责人，且往往言辞激烈、情绪激动。此时秘书要沉着镇定，保持礼貌和风度，集中注意力耐心倾听，尽快弄清问题所在。如果责任在客户，就要耐心跟他解释并教会他正确的使用方法；如果责任在产品本身，并需要联系销售部或技术部一起解决的，就应该诚恳答复对方："我已经把您反映的问题记下来了，放心吧，我会尽快跟公司的相关部门联系，两天内一定给你满意的答复。"挂电话时也别忘跟对方说"谢谢"或"再见"。

项目 4 文书处理实务与训练

> 文书是现代管理信息的基本形式,是实现管理职能的重要工具。文书的撰拟、收发、办理、利用、整理等工作是秘书部门每天必须要做的常规工作。作为秘书,应该熟悉文书工作的处理要求和程序,做到及时准确、确保质量、安全保密。

任务1 收文处理程序

4.1.1 任务描述

郑丽是康元制药有限公司杭州分公司总经理的秘书。这天早上 8：20，她照例比上班时间提早 10 分钟到达公司，用钥匙打开信箱把信件取出，然后走进了自己的办公室开始整理。

郑秘书先把信件和报纸、杂志分开，然后根据收件部门的名称，把信件进行分类：3 封是总经理办公室的，其中 1 封标有"×××亲启"；5 封是市场营销部的；5 封是人力资源部的；1 封是财务部的。分类完毕，郑丽拿出收文登记簿把 14 封来函逐一登记，然后把总经理亲启的那封信放在总经理的办公桌上，把其他信放到各个部门的专用信格里，接着再把 3 份报纸和杂志固定在会客室的书报架上。

郑秘书拆开剩下的 2 封总经理办公室的信，1 封是益海公司产品展销会的邀请函，另一封是南京总公司的通知，内容是总公司将于近日对各分公司进行安全生产检查。郑秘书把 2 封信件一起拿到总经理办公室，请求批示。

对于第一封邮件，总经理表示要亲自去参加，他让秘书填好回执给对方寄回去。对于第二封邮件，总经理给出了批办意见，并将此次活动具体事项交给行政部负责，要求秘书马上拿着通知原件和办理意见去一趟行政部。

4.1.2 任务实施

1. 实训目的

通过收文处理训练，使学生掌握文书处理的流程及各个环节的操作技能，做到及时、准确、确保质量。

2. 实训要求

（1）学生以每 4 人为一组，自行准备实训所需材料：收文登记簿、文件处理单、来信、剪刀、笔等。

（2）分角色扮演，按场景顺序演示秘书收文处理工作。其中 1 人扮演秘书，1 人扮演总经理，1 人扮演行政部负责人，1 人进行监督和评价。每人都要轮演秘书。

3. 实训流程

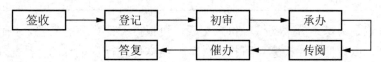

4.1.3 任务分析

收文处理是文书处理的重要环节，它是指对来自单位外部的文书所实施的处置与管理活动。收文处理是一个接收公文,并从中提取有用信息、解决其所涉及的有关问题的过程。收文处理程序主要由2个阶段构成。

收进阶段:包括文件的签收、登记、启封、初审等环节;

阅办阶段:包括文件的承办、传阅、催办、答复等环节。

1. 签收

签收是指接收外单位寄送的文件,履行规定的确认、清点、核对、检查、签注手续之后,在对方的送文登记簿或回执清单上签字,以表示文件收到的行文过程。这是文书收受、处理的第一个环节。

秘书签收文件时应注意:第一,看来文封套上所注的收文单位或姓名是否与本单位名称相符,错发、误发的文件要立即退回;第二,看来文封套有无拆封或破损的现象,如有要立即指出并退回;第三,对照投递清单或送文登记簿清点核实文件的数量,看所列文件总件数与实有件数是否相符,如有不符之处,应立即查询;第四,检查无误后,在对方的投递回执单或送文簿上签上收件人姓名和收到日期。

2. 登记、拆封

秘书对来文的主要信息和办理情况应当详细记载。登记来文既有利于文件的管理、保护,又方便对目标文件的查找和检索,还便于日后核对和交接文件。秘书要根据收文的数量、文件的性质和本单位的实际工作需要来确定收文登记的范围,凡是重要文件均应登记,如上级单位的领导、指导性文件,外单位联系工作、商办业务和需要复文的文件,下级单位请示工作的文件,其他重要文件、有参考作用的文件等。一般事务性的、公开性的、无关紧要的文件可以不必登记。

登记形式分为簿册式、卡片式和计算机式等。

簿册式登记是将所有来文按照一定分类标准登记在一个簿册之上,这种登记方式易于文件的保管,方便文件的交接与统计,所以普遍被采用。具体登记内容包括收文号、收文日期、来文单位、文件标题、密级程度、份数、有无附件、承办单位、办理时限、签收人等(如表4-1所示)。

表4-1 收文登记簿

×××(单位名称)收文登记簿

收文号	收文日期	来文单位	来文日期	文件标题	附件	份数	密级	承办单位	签收人	复文号	归卷日期	备注

卡片式登记是为每一份来文做一份登记表,可根据文件管理的需要,按作者、内容等灵活分类排列,以方便文件检索。可按一件或一组文件进行登记,简化登记手续。缺点是卡片易丢失,需要加强管理。

计算机式登记是使用计算机对收文进行登记与存储,可以一次输入,多次输出,便于查找利用。

登记后的工作就是要拆开文件封口,检查来文内容。凡是封面上标明送本单位办公室(秘书部门)以及单位"负责人"收的信件,秘书都可以拆封,但信封上标有"×××(领导人)亲启"字样的文件和信件一般不得拆封。

拆封时要小心仔细,注意不要撕破封内的文件,保护好封套和封内文书的完整性。必要时要将封套和公文一起送审。拆封后若发现涉及单位机密事项、不便公开的单位或领导个人事务,拆封人员要严守秘密,并按保密规定处理。

3. 初审

收文初审具有较强的政策性、业务性和时效性。初审的重点主要有以下五个方面:是否应当由本机关办理;是否符合行文规则;文种、格式是否符合要求;涉及其他地区或者部门职权范围的事项是否已经协商、会签;是否符合公文起草的其他要求。经初审不符合规定的公文,应当及时退回来文单位并说明理由。

收文初审的时间紧、要求高,秘书人员要以认真负责的态度,善于发现和纠正问题,既要坚持原则,对严重违背行文规则的来文应当排除干扰,予以退文或要求来文单位修改重新报送,又要把握一定的度,协调处理好各方面的关系,提高工作效率。

4. 分送

秘书部门对初审完毕的收文要及时分送,即根据文件的性质和单位内各部门的职责范围,将收文分送给各有关部门阅知与办理。分送时须逐项填写《收文分送登记簿》(如表4-2所示)。

表4-2 收文分送登记簿

××(单位名称)收文分送登记簿

收文编号	分送部门姓名	送时间	发文字号	来文单位	文件标题	收文号	收件人签字	文件清退日期	备注

5. 承办

承办是指对需要办理的文书由具体的业务人员或工作人员进行实质性的处理,解决来文所针对的问题。承办一般包含拟办、批办和办理3个过程。

(1)拟办。秘书部门或有关部门负责人经过对文书进行认真的阅读分析,提出建议性的办理意见和设想的处置方案,供有关领导者审核定夺,作出指示。拟办是发挥秘书部门辅助管理职能的重要环节,不但可减轻领导人的负担,也有利于提高办文的准确性,提高办文效率。所提的拟办意见应准确、及时、合理,言简意赅,便于执行,真正起到参谋和助手的作用。拟办意见应在《文件处理单》上注明(如表4-3所示)。

表 4-3 文件处理单

×××（单位名称）文件处理单

来文单位		来文字号		文件份数		收文号	
文件标题		承办时限		密级程度		缓急时限	
拟办意见							
批办意见							
传阅签字							
办理结果	承办部门、姓名：			年	月	日	

（2）批办。批办是指单位领导者或部门负责人对来文（包括文书的拟办意见）进行认真阅读分析之后，提出处置意见的过程，是对文件应由谁办理、如何办理提出的指示性意见，是如何办理文件的最终依据。做好批办环节，可以使领导及时了解情况、处理重要收文，通过批办，合理分工，使各承办部门和承办人员能及时掌握有关的文件精神，有助于提高办文的质量。批办应及时，批办意见要明确、具体，切实可行，一般应做到随送随批不拖延。批办意见通常写在《文件处理单》的"批办意见"栏内，应写全批示人姓名和批示时间（年、月、日）。

根据《党政机关公文处理工作条例》第 24 条第 4 则，收文承办工作应做到：

- 承办部门收到交办的公文后应当及时办理，有明确办理时限要求的应当在规定时限内办理完毕；
- 阅知性公文应当根据公文内容、要求和工作需要确定范围后分送；
- 批办性公文应当根据领导的批办意见办理，无批办意见的，应根据文件精神、有关规定或以前的惯例办理；
- 文件较多时，分清轻重缓急，依次办理；
- 紧急公文应当明确办理时限；
- 凡涉及其他部门业务范围的事项，承办部门应当主动与有关部门协商办理，并明确主办部门；
- 对不属于本单位职权范围或者不宜由本单位办理的，应当及时退回交办的文秘部门并说明理由。

6. 传阅

传阅是根据领导批示和工作需要将公文及时送传阅对象阅知或者批示的过程。办理公文传阅应当随时掌握公文去向，不得漏传、误传、延误。传阅人应在《文件处理单》上的"传阅签字"栏内签字，应写全传阅人姓名和传阅时间（年、月、日）。

7. 催办

催办是对文书的承办情况进行督促检查的过程，对于防止文件的积压和延误，加快文件运转和处理速度，克服拖拉作风，提高办文效率具有重要作用。催办贯穿于公文处理的各个环节，《党政机关公文处理工作条例》第 24 条第 6 则对催办作了如下规定："及时了解掌握公文的办理进展情况，督促承办部门按期办结。紧急公文或者重要公文应当由专人负责催办。"

催办可采用多种方式,如催办单、电话催办、当面催办等。

8. 答复

公文的办理结果应当及时答复来文单位,并根据需要告知相关单位。

任务2 发文处理程序

4.2.1 任务描述

郑丽是康元制药有限公司杭州分公司总经理的秘书。周一下午公司召开了中层干部工作例会,讨论决定了几项人事变更的问题。会议结束后,总经理将郑秘书叫到办公室,告知了例会内容,让她马上写一份请示,发给南京总公司,请求总公司批准这几项人事的任免。郑丽用记事本将总经理的话记录下来,回到自己办公室,立即开始拟写。

初稿完成后,郑秘书将这份请示写在公司统一印制的发文稿纸上,拿给总经理审核,总经理看后签字同意发出。然后,郑秘书将这份请示编上发文字号,写在发文稿纸的相应栏内,再检查一遍正文内容,确定无误后,打印成正稿,并盖上公章。接着,郑秘书拿出公司的发文登记簿,仔细填写好各项内容,再把文书仔细折叠好装入信封,封上口,拿到公司楼下不远处的邮局用快件寄出。

4.2.2 任务实施

1. 实训目的

通过发文处理训练,使学生掌握文书处理的流程及各个环节的操作技能,做到及时、准确、确保质量。

2. 实训要求

(1)学生以每4人为一组,自行准备实训所需材料:请示的发文稿、发文登记簿、笔、印章、信封、胶水等。

(2)分角色扮演,按场景顺序演示秘书发文处理工作。其中1人扮演秘书,1人扮演总经理,2人进行监督和评价。每人都要轮演秘书。

3. 实训流程

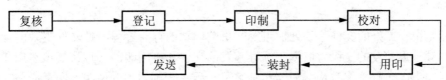

4.2.3 任务分析

发文处理是指对已经发文单位负责人签批的文书进行的处置与管理活动。其程序可分为复核、登记、印制、校对、用印、装封、发送等环节。

1. 复核

制发的公文，在领导签发后，正式印制前，秘书部门应当进行复核。复核的重点是核查审批、签发手续是否完备，文种、结构、格式是否规范，附件材料是否齐全等。经复核对文稿进行了实质性修改的，应按程序报原签批人复审；对未按规定签发、核稿、复核的公文，应当在说明理由后，退回办文部门，令其按规定补齐办文手续。

2. 登记

凡发出的文件均应进行登记，与收文登记类似。登记的形式可以根据本单位文件处理的具体要求与发文数量、分发单位的具体情况，采取簿册式、卡片式、计算机式等方法。发文登记的项目要合理，登记要准确，登记的项目主要有：顺序号、发出日期、发文字号、文件标题、密级、附件、份数、发往机关、签收人、档号等，如表4-4所示。

表4-4 发文登记簿

×××（单位名称）发文登记簿

顺序号	发出日期	发文字号	文件标题	成文时间	密级	缓急	附件	份数	主送机关	抄送机关	签收人	签收日期	归档日期	档号	备注

3. 印制

文书印制必须确保质量和时效。定稿在送印之前，应编好发文字号，确定印制份数，注明时限和密级，以便一并印制。印制时必须严肃认真、准确细致，要以签发的定稿为依据，不允许随意改动原稿，如发现原稿有误，应及时请示，不得擅自更改。印制过程中应注意做好保密工作，秘密文件应有专人负责和送达指定地点印制，并对印制的底版、校样等进行严格的管理，防止失密。

4. 校对

校对是指以领导签发的定稿为底本，对印制的校样进行全面核对检查的行为过程。校对时要求以原稿为依据，对印制的文件从文字、格式、标点符号到编排技术等方面进行全面的校对工作，以保证发文文字准确，避免出现错漏。所有制发的文件，都必须经过对其校样的校对，才能用印。

5. 用印

用印是指在制好的文件落款处加盖发文机关印章的行为过程，是文件生效的标志。用印必须以领导人签发的文稿为依据，领导签发的文件才可用印，并且认真填写用印登记表（如表4-5所示）。印章名称应与发文机关名称一致，否则要加以说明。印章应盖在正文落款处，盖在发文单位和签发日期上，印章字样要清晰、端正、居中。

表 4-5　用印登记表

×××（单位名称）文件用印登记表

时间	用印单位	文件标题	件数	批准人	用印人	经手人	备注

6. 装封

装封又叫封发，是将登记后的文件装入信封或封套内向外发出的过程。装封的工作程序包括：

（1）文件入封之前，清点应发文件的总份数和应发机关的份数；

（2）书写装寄文件的信封封面；

（3）装封文件，有密级或缓急程度的文件，应在信封上标示密级或缓急程度。

7. 发送

根据需要选择文件递送的方式，常见形式有专人递送、收文单位派专人领取、邮政递送、传真等。

任务 3　文书的整理归档

4.3.1　任务描述

康元制药有限公司的郑丽在年底清理文件时，发现这样一些文件：

（1）康元制药有限公司关于公司更名的请示；

（2）××省工商局关于康元制药有限公司更名的批复；

（3）康元制药有限公司工作考核制度；

（4）益海公司产品展销会邀请函；

（5）杭州分公司关于引进生产设备的请示；

（6）康元制药有限公司关于同意杭州分公司引进设备的批复；

（7）康元制药有限公司关于"十一"期间值班安排；

（8）康元制药有限公司关于开展安全生产检查的通知；

（9）××省科技厅关于给予康元制药有限公司技术中心重大技术进步奖的决定；

（10）康元制药有限公司关于召开第二季度工作总结会的通知；

（11）康元制药有限公司关于在××大学设立康元奖学金的决定；

（12）××大学关于建立康元制药生产型实训基地的决定。

郑丽按照文件整理归档的工作要求，开始整理。她先将上述文件区分为需要归档的文件和不需要归档的文件两部分，剔除掉不进入归档范围的文件；然后根据"组件"的整理方法,以"件"为单位进行装订、分类,并有序排列、编号;最后,填写了归档文件目录表和备考表。

4.3.2 任务实施

1. 实训目的

通过训练,使学生掌握文书整理归档的工作内容、方法和要求,能够鉴别需要归档的文件,掌握归档文件的分类方法,能够正确填写归档文件目录,熟练完成归档工作。

2. 实训要求

(1)学生以每 4 人为一组,自行准备实训所需材料:文件、文件夹、档案盒、归档文件目录、卷内文件备考表、笔等。

(2)按归档工作顺序演示秘书归档工作。其中 1 人扮演秘书,3 人进行监督和评价。每人都要轮演秘书。

(3)实训完毕之后,学生可相互讨论,对自己及他人的操作进行总结。

3. 实训流程

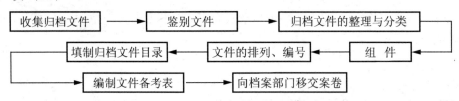

4.3.3 任务分析

文书的整理归档,是文书处理过程的最后一个环节,是将现行文书转化为档案的基础,所以该环节对文书的管理和使用都具有重要的意义。

文书整理归档是指文书部门将已经办理完毕、具有一定查考保存价值的零散的文书,依其内在联系和一定的规律科学分类,进行"组件"整理,形成案盒,并定期向档案管理部门移交,由档案部门集中统一保管的过程。做好文书整理归档工作,有利于保护文件的完整与安全,便于保管,便于文件的查找和提供利用,并为档案工作奠定基础。

1. 文书归档的范围

秘书人员要保证把办理完毕的、有查考价值的文件完整地保存下来,就要弄清楚哪些文件应该收集和归档,哪些材料不需要归档。

(1)机关

根据《机关文件材料归档范围和文书档案保管期限规定》,机关应整理归档的文书有:
① 上级下发的与本单位业务有关的文件材料,如决定、命令、条令、规定、计划等;
② 本单位重要的会议材料,如会议通知、报告、决议、总结、会议纪要、会议简报、会议记录、领导人讲话、典型发言、录音带、照片等;
③ 本单位的请示与上级单位的批复文件、下级单位的请示与本单位的批复文件;
④ 反映本单位业务活动的各种报告、总结、工作计划、统计报表、统计分析资料、信

访工作材料；

⑤ 反映本单位历史沿革、重要活动的大事记、简报、照片、录音带、录像带等；

⑥ 本单位的组织规则、规章制度，人员编制、干部、职工、党团员名册，干部年报表，干部职工转移行政、党团组织关系介绍信存根；

⑦ 干部任免、职工录用、转正、定级调资、评定职称、退职、离休、奖惩、抚恤、死亡等有关文件材料；

⑧ 本单位财产、物资、档案等的交接凭证及产权材料；

⑨ 本单位与有关单位协商工作的往来文书；

⑩ 本单位与有关单位签订的合同、协议书等；

⑪ 同级单位或非隶属机关发出的，与本单位业务有关的、有参考价值的文件，如条例、规定、通知等；

⑫ 下级单位报送的有关方针政策性的，请示性的或反映重要活动及反映较长时间内全面情况的文件，如年度总结、工作报告、统计报表等。

机关不需要整理归档的文件材料有：

① 上级机关发来的供工作参考的抄件；

② 上级机关征求意见的未定稿；

③ 重份文件（要保留的是有领导批示或其他承办标记的文件）；

④ 无查考利用价值的事务性、临时性的文件材料，如一般性会议通知、洽谈业务的介绍信、节假日通知等；

⑤ 未经签发的文电草稿，一般性文件的历次修改稿；

⑥ 无特殊保存价值的信封；

⑦ 单位内部互相抄送的文件，外单位抄送来的供参考的文件材料或征求意见的不定稿；

⑧ 本单位负责人兼任外单位职务时形成的文件；

⑨ 为参考目的从各方面收集的文件材料；

⑩ 越级抄送或下级单位送来的不必抄送的文件；

⑪ 非隶属机关抄送的不需要办理的文件材料。

（2）企业

按照《企业文件材料归档范围和档案保管期限规定》，企业应整理归档的文书有：

① 各种行政会议（包括厂务会议、厂长办公会、工厂管理委员会、中层干部会议）的记录、纪要、决定、简报等文件、材料；

② 企业年度、季度、月生产计划、总结；

③ 企业生产进度情况及综合情况的文件材料；

④ 企业的法规性文件材料（包括决定、决议、条例、规定、制度、报告、批复等）；

⑤ 企业的来往合同、协议、统计报表等正文和底稿，以及图册、照片等；

⑥ 企业产品销售年度统计报表；

⑦ 新产品设计、新产品试制、工艺攻关、技术改造活动计划、报告、规划等文件材料；

⑧ 企业产品生产工艺及质量检查和科研工作的总结及典型材料；

⑨ 有关企业安全生产的制度、规定和安全防护措施的文件材料；

⑩ 劳动调配、劳动纪律、招工等的有关规定、制度、指标等文件材料；

⑪ 奖金发放的考核办法及有关规定的文件材料；

⑫ 企业财务工作文件材料，如年度预算、决算，财务管理的规定、制度，企业财务的报销凭证手续等材料；

⑬ 企业中各种设备管理工作文件材料、基建房产工作文件材料。

企业不需要整理归档的文件材料有：

① 没有查考和使用价值的事务性和临时性的文件材料；

② 没有特殊保存价值的信件或仅提出一般性建议和意见的群众来信；

③ 本企业重份及多余的文件材料；

④ 企业内部互相抄送的文件；

⑤ 为参考目的从外单位搜集的文件材料；

⑥ 参加非主管部门召开的会议带回的文件材料；

⑦ 本企业、本部门负责人兼任外单位工作职务产生的文件材料；

⑧ 本企业在工作中形成的一些草稿；

⑨ 外单位送来征求意见的未定稿；

⑩ 下级单位奖惩、任免非本单位工作人员的文件材料。

2. 文书归档的具体步骤

根据《归档文件整理规则》及文书档案分类方案，对应归档文件进行以"件"为单位的整理操作。"件"并不是指单份文件，而是将密切相关的文件合称为一"件"，主要指：文件正本与定稿为一件，正文与文件处理单为一件，正文与附件为一件，原件与复制件为一件，转发文与被转发文为一件，报表、名册、图册等一册（本）为一件，来文与复文合为一件。

（1）装订。装订即采用符合档案保护要求的装订材料，将归档文件以"件"为单位固定在一起。当一件归档文件包括不止一份单份文件时，应先对件内文件进行排序：通常正本在前，定稿在后；正文在前，附件在后；原件在前，复制件在后；转发文在前，被转发文在后；复文在前，来文在后；汉文本在前，少数民族文字文本在后；中文本在前，外文本在后。有文件处理单的，可放在最前面，可以作为首页加盖归档章，以维护原貌。

装订时将件内各页对齐。采用左上角装订的，应将左、上侧对齐；采用左侧装订的，应将左、下侧对齐。装订方式和用品的选择，目前没有统一规定，比较简单可行的操作是用专用档案包角粘贴纸在每件文书档案的左上角进行粘贴固定。

（2）分类。分类即按一定的标准，将文件分成若干层次和类别，以构成有机体系的过程。常用的分类方法为年度——机构（问题）——保管期限或保管期限——年度——机构（问题）的复式分类方法。其中，年度、保管期限必须具备，即任何单位整理归档文件都必须分年度、分保管期限。按机构（问题）分类，可根据情况予以取舍，如基层单位、小型企业，文件数量少，内部机构简单，可不再进行机构（问题）的分类。

各组织在所确定的分类方法的基础上，列出类目名称，制定适合本组织情况的类目体系，并编号固定，形成文书档案分类方案。

（3）排列。排列是指在分类方案的最低一级类目内，根据一定的方法确定归档文件先后次序的过程。归档文件的排列一般先按照事由原则，将属于同一事由的文件按一定顺序排列在一起，再采用一定的方法对不同事由的文件进行排列：

同一事由内的归档文件排列，最简单的方法是按文件形成时间的先后顺序，根据日期的先后排列文件；也可以按文件的重要程度排列，相对重要的文件放前，再排其他文件。

不同事由间的归档文件排列，有多种方法，可按不同事由形成时间（即事由的办结时间）的先后顺序排列、按事由的重要程度排列、按事由具有的共同属性分别集中排列等。另外，会议文件、统计报表等成套性文件可集中排列。

（4）编号。编号是指将归档文件在该类别系列中位置标识为符号，并以归档章的形式在归档文件上注明。

归档章一般应加盖在归档文件首页上端居中的空白处，项目的填写应使用符合档案保护要求的字迹材料，可使用打号机打号。归档章一般规格为长45mm、宽16mm。编号项目包括全宗号、年度、保管期限、机构（问题）、件号六项。年度、保管期限和件号是必填项目，机构（问题）项为选择项（如表4-6所示）。归档章样式如表4-6所示。

表4-6 归档章样式

全宗号	年　　度	室编件号
机构（问题）	保管期限	馆编件号

（5）编目。编录即按照分类、排列的结果，逐类、逐件编制归档文件目录，系统地揭示归档文件全貌。归档文件目录的项目包括顺序号、文号、责任者、题名、日期、页数和备注（如表4-7所示）。这些项目概括了文件内容和形式方面的各种特征，有利于检索利用。

（6）装盒。装盒包括将归档文件按件号顺序装入档案盒、填写备考表、编制档案盒封面及盒脊项目等工作内容。

归档文件应严格按照件号的先后顺序装入档案盒。装盒时，应按照分类方法的不同，将不同类别的归档文件装入不同的档案盒中。

档案盒封面应使用全称或规范化简称表明全宗名称。档案盒盒脊（或底边）应设置各检索项目，包括全宗号、年度、保管期限、机构（问题）、起止件号和盒号等项目。

（7）填写备考表。备考表是对盒内归档文件进行必要的注释说明，是档案部门对归档文件动态管理的有效措施（如表4-8所示）。备考表应放在盒内所有归档文件之后。

4.3.4 参考答案

任务的参考答案如表4-7～表4-9所示。

表4-7 归档文件目录

顺序号	文　号	责任者	题　名	日　期	页　号	备　注

表 4-8　归档文件目录封面

归档文件目录

全宗名称＿＿＿＿＿＿＿＿＿＿＿＿

年　　度＿＿＿＿＿＿＿＿＿＿＿＿

保管期限＿＿＿＿＿＿＿＿＿＿＿＿

机　　构＿＿＿＿＿＿＿＿＿＿＿＿

件　　号＿＿＿＿＿＿＿＿＿＿＿＿

表 4-9　卷内文件备考表

备 考 表

本卷情况说明：

立卷人：

检查人：

　　　　　　　年　月　日

项目 5 信息管理实务与训练

● 信息是领导实施决策和有效管理的依据,也是秘书人员处理日常事务、起草文书的基础。秘书部门作为各种信息的集散地,管理信息资料是秘书工作的基本内容之一,只有及时准确地收集、处理与传递领导工作所需要的各种信息,才能实现参谋、助手的职能,才能帮助领导提高工作效率。

任务1 信息的收集与整理

5.1.1 任务描述

华艺光电科技有限公司是一家集研发、生产和销售为一体的专业化光源生产制造商。根据节约能源、保护环境、提高照明质量的指导思想，公司打算下个月召开一个专门办公会议，讨论开发低耗能、高光效的节能灯生产项目的优势及可行性。总经理让秘书贺军围绕节能灯具的市场前景，收集整理相关信息，以供办公会议上讨论参考。

5.1.2 任务实施

1. 实训目的

通过训练，使学生了解信息资料工作的意义，掌握信息收集的方法、渠道和工作要求，能运用正确的方法筛选、分析、整理信息，提高信息处理能力。

2. 实训要求

学生以每10人为一组，围绕节能灯的可行性收集整理市场信息，完成以下工作任务：
(1) 利用常用搜索引擎，收集下载有关节能灯具开发前景的信息。
(2) 设计一份调查问卷，向消费者收集各种照明灯具的使用情况和使用意见，并进行统计分析。
(3) 到商场收集各类节能灯具的销售价格，向商家了解各类节能灯的销量和消费群体。
(4) 根据以上信息，整理形成一份600字左右的信息稿。
(5) 各组派出一名代表在班上发言，将本组进行信息收集、整理的过程及总结向全班同学汇报。

3. 实训流程

5.1.3 任务分析

1. 信息收集

(1) 信息收集的渠道

① 网络。作为一种新兴的媒体，网络是信息收集、传递不可缺少的快捷渠道。但部分网络信息真假难辨，作为秘书取用时应小心谨慎。

② 会议。会议是交流信息、沟通联络的重要方式，秘书通过操办各种工作会议、展销洽谈会、学术研讨会，进行各种信息资料的收集工作。

③ 新闻媒体。利用广播、电视、报纸、杂志等媒介，可有效获取有价值的信息。

④ 实地调查。通过有目的、有重点的实地调查，秘书人员可亲自感受和直接掌握第一手资料，从中常常能得到许多具有预见性的重要信息。

⑤ 文书。公务文书是接收和传递信息的常见渠道。秘书的办文过程亦即文书信息的收集与处理过程。

⑥ 图书馆。图书馆是信息资源的集散地，利用不同类型的图书馆查阅信息是收集信息的常见途径。

⑦ 信息机构。信息机构是人们获取信息的重要工具之一。秘书可根据领导决策和工作的需要，委托信息机构定向收集相关信息。

⑧ 供应商和客户。秘书工作经常要接触供应商和客户，从供应商处可获取产品、价格、广告等的信息，从客户处可获取市场、质量和服务的信息。

（2）信息收集的方法

针对信息的不同来源，秘书获取信息的方法多种多样：

① 网络法。利用计算机网络查询信息资料，包括国际互联网和局域网。

② 观察法。即直接通过人的视觉、听觉或借助照相机、显微镜、摄像机等工具来观察和认识客观事物，从而获取信息的方法。

③ 询问法。秘书在工作中与各方面人员进行交流沟通，通过询问和交谈来获取信息。

④ 阅读法。阅读各种图书、报纸、杂志、文件、信函等，收集自己所需要的信息资料。

⑤ 购置法。即向信息服务部门或个人购买自己所需要的文字、图片、数据、图表等信息。

⑥ 索取法。即通过公函、写信、打电话、发传真等方式向有关单位或部门无偿地索取有价值的信息。

（3）信息收集的要求

① 真实可靠。信息是反映客观事物及其发展变化的情况，客观真实性是信息的价值基础。收集信息时必须辨别真伪，力求真实可靠、符合实际。

② 及时迅速。信息的利用价值是有时限的，信息收集要及时迅速。能否又快又准地向领导提供有价值的信息，往往意味着能否为领导决策争取到时间上的优势。

③ 准确全面。信息收集既要准确又要全面。秘书人员特别要注意材料中的时间、地点、人名、数字等准确无误，避免出错。同时要尽可能全面采集需要的所有信息，包括收集对象的全貌、历史联系和专业内容联系，为领导提供丰富全面的决策依据。

2. 信息整理

（1）信息筛选

信息筛选是信息整理的一项基础性工作，是对收集来的原始信息进行鉴别判断和过滤选留，以达到去伪存真、去粗取精的目的。

信息筛选对提高信息的利用率起着至关重要的作用，因此筛选工作应注意三个方面的要求：

① 注意重大信息的选择。重大信息是指有关政策性、思想性、动态性、全局性的重要信息，如与本企业经营有关的重大政策、方针，本企业的经营情况、重大成果及突发事件

等动态信息。秘书人员要能够在筛选过程中敏锐地发现重大信息，为领导的决策提供可靠的保证。

② 注意信息的典型性。要善于从大量的原始信息中发掘出能深刻揭示事物本质，具有广泛代表性和较强说服力的典型信息。凡是个别情况、偶然现象、不能充分反映事物发展情况或与主题思想关系不大的信息都要剔除。

③ 注意信息的新颖性。秘书人员要尽可能抓住能反映新情况、新问题、新事件的信息，同时也要善于发掘所反映的问题或提出的观点中富有新意的信息。

（2）信息校核

信息校核是对经过初步筛选的信息作进一步的校验核实，剔除虚假信息，对不确定成分进行核实、更正，保证信息的可靠性和准确性。

信息校核的范围包括时间、地点、人物、数据、图表、符号、事实、观点等。为此，必须加强责任意识和细致意识，采用多种行之有效的方法进行校核，有些人名、地名要核对查证原始资料，有些数据要试验、计算，有些信息则要进行调查研究，请教专家学者或查对工具书、参考文献等，以保证信息的真实无误。

（3）信息分类

信息分类是按照一定的规范要求，对大量的无序的信息进行分门别类，使之系统化、条理化，为信息的查阅利用提供条件。常见的信息分类方法有以下几种：

① 字母分类法。即按信息资料的单位名称、作者姓名、标题等的字母顺序分类组合：一般是按第一个字母顺序排列前后次序，第一个字母相同则按第二个字母顺序排列，以此类推。

② 地区分类法。又称地理分类法、地域分类法，是按信息产生形成所涉及的地区特征，对信息进行分类，再按字母的先后顺序排列。如将信息按国家、省、市、县的名称顺序排列，使有关地区的所有资料集中存放，便于查找。

③ 主题分类法。这是最常用的信息分类法，即根据信息的标题或主题词进行分类，将信息最主要的主题名称作为一级主题，次要的主题名称作为二级主题，依此类推，就能够全面、准确地反映内容，便于利用。

④ 数字分类法。将信息种类以数字排列，每一专题给定一个数字代码，用索引卡标出数字所代表的类别，当要查找某信息时，先从索引卡中找出专题名，得到信息数字代码，再从相应的文件柜中找出标有该数字的案卷。

⑤ 时间分类法。按信息形成日期的先后顺序分类，一般以年、季、月、日的自然顺序排列。

信息分类方法还有很多，上述五种分类方法既可单独使用，也可结合运用，在工作过程中，应根据业务工作的需要来确定采用何种方法。

任务 2 信息的传递与反馈

5.2.1 任务描述

浙江省第五届大学生会展创意设计大赛经过两天的紧张角逐，顺利落下帷幕。大赛承办方××职业学院院办秘书叶晓津将比赛的照片、录像及记录稿等第一手资料收集整理后，拟写了一份简报送给领导过目，之后在领导的授意下，将其发于学校网站上。第二天上班时，叶秘书打开电子邮箱，收集各系部反馈信息，根据人文旅游系吴老师提供的反馈信息，发现误写了大赛三维设计组二等奖的获奖作品名称，于是及时修改了简报内容，再打印成稿，正式发往各参赛单位。

5.2.2 任务实施

1. 实训目的

通过训练，使学生了解信息传递与反馈的途径和方式，掌握信息传递与反馈的方法，能选择正确的信息传递渠道，及时准确地传递信息、收集反馈。

2. 实训要求

学生以每 4 人为一组，利用综合实训室的场地和设备，完成以下工作任务：

（1）事先准备实训所需的简报，要求每位学生都必须独立制作一份并打印，完成时间不超过 30 分钟。

（2）分角色扮演，演示秘书信息传递处理工作。其中 1 人扮演秘书，1 人扮演领导，1 人扮演吴老师，1 人进行监督和评价。每人都要轮演秘书。

3. 实训流程

5.2.3 任务分析

信息的传递是指将经过整理后的信息，及时传递给接收人，使其在实际工作中发挥作用。信息只有经过传递才能被人们感受和利用，才能实现其实用价值。信息传递要借助一定的物质载体，秘书人员要根据信息的形式、类型和使用目的，选择恰当的信息传递渠道，将信息资料送达领导、同事或相关人员。

1. 信息传递的方向

信息的传递是双向的，有内向传递和外向传递。

（1）内向传递是指信息在单位内部进行传递交流，如领导对下属布置任务，下级对领导提意见、建议，部门与部门之间进行沟通协调等都属于内向传递。信息内向传递的形式有信件、备忘录、通知或告示、传阅单、简报、企业内部刊物等。

（2）外向传递是指通过利用各种媒介将信息传递给外界，如利用广告介绍新产品，写给客户、供应商的信件，举办产品展销会等。信息外向传递一般通过信件、新闻稿、新闻发布会、报刊声明、直接邮件等方式进行。

2. 信息传递的方法

信息主要通过口头、文字、影像、电讯来传递。

（1）口头传递，即通过口头语言把信息传递给接收者，如对话、会议、座谈、讲座、电话、录音等。这种传递方法直接、迅速、简便、形象，但对于接收者来说，容易因语音不清出现失误，除录音外信息转瞬即逝不容易保存，发生差错也查而无据。

（2）文字传递，即把信息用文字、符号、数据或表格表示出来，传递给接收者。这种方法的优点是严肃、规范、便于存储和核查，可以多次传递，缺点是制作周期较长、速度较慢。

（3）影像传递，即利用摄影和录像技术传递信息，如摄影、摄像、投影等。这种传递方式具有较强的真实性、直观性和感染力，但是费用较高、代价较大。

（4）电讯传递，即利用现代化的通信手段传递信息的一种方式，如电话、电报、传真、电子邮件等。电讯传递具有及时高效、信息量大、传递路程远、不失真、效果好的优点，是现代秘书工作中常用的信息传递方法。

3. 信息传递的要求

不同性质和内容的信息有不同的传递方法，而无论采用哪种传递方法，都要遵循迅速、适用、准确、保密的要求。

（1）迅速，这是由信息的时效性决定的，任何一则信息只能保证在一定时间内有价值，信息必须及时迅速传递，否则就会使信息的价值降低甚至失去使用价值。

（2）适用，指的是传递的信息要对路，秘书要针对不同服务对象的不同需求，因人因事而异，提供不同信息，以提高信息的利用率。

（3）准确，要求信息内容在传递中不失真、不变形，准确无误。

（4）保密，要求传递者根据信息内容的秘密程度，采取必要的保密措施，选择适当的传递方式，严格控制传递范围。

4. 信息反馈的方式

在秘书的信息工作中，一般要收集传递两类信息——一般的信息和反馈信息。信息反馈是收集公关信息的一条重要途径，也是检验决策的执行情况以及存在的问题的重要手段。秘书在工作中要及时了解组织内外各方面的反映，通过有效的方式收集反馈信息，提供给领导和相关部门、相关人员作为工作参考。

信息反馈常见的方式有口头反馈、书面反馈、通信反馈、网络反馈、大众传播媒介反馈、调查研究反馈等方式。

任务 3　信息的开发与利用

5.3.1　任务描述

西子旅行社近年来致力于发展推广生态旅游，目前已在省内开发了 16 条生态旅游线路。公司打算在今年 9 月之前再推出一个新项目——"浙西太湖源二日游"。公司总经理助理蒋青，平时就很重视有关信息的收集开发，她每天的工作之一就是阅读、整理《中国旅游报》《旅游时代》《经济日报》等报纸杂志，及时了解国内外旅游市场的变化，并且经常利用互联网渠道获取信息，供自己和公司使用。这次任务，她仅仅用了两天的时间，就收集到不少有关太湖源地理位置、特色景观、景点介绍、特色农产品等重要信息。她把这些资料从报刊和网上复印、下载下来，并认真地分析梳理、提炼概括，掌握了该项目的消费者需求和发展趋势，为公司领导把握市场行情、进行市场开拓决策提供了有力的依据。

5.3.2　任务实施

1. 实训目的

通过训练，使学生了解信息开发利用的技术手段，掌握信息开发的工作程序，能够根据特定需要开发信息资源，挖掘深层次信息，为管理工作服务。

2. 实训要求

学生以每 4 人为一组，利用图书馆、电脑房的资源和设备，完成以下任务：

（1）确定信息开发的主题——浙西太湖源旅游资源信息。

（2）围绕主题，通过网络、报刊、书籍等渠道获取有关浙西太湖源的地理位置、交通、景观、娱乐、餐饮、购物等信息。

（3）对收集的信息进行加工、整理，按照一定的标准分类，编写分类目录和各类信息简介。

（4）通过分析研究和概括提炼，预测该旅游项目的市场行情，并用简要的书面材料呈现开发设计思路，供领导参考。

3. 实训流程

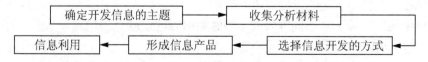

5.3.3　任务分析

信息开发就是对信息资料进行加工整理、分析研究，将蕴藏于其中的有价值的信息尽可能地挖掘出来，传递出去，最大限度地为领导科学决策和推动工作落实服务。信息开发是扩展信息涵盖面、提高信息质量的重要手段，是信息优化的重要保障。

1. 信息开发的要求

（1）正确理解领导的工作需求，把握信息开发的方向。

（2）注重实地调查，力争掌握第一手材料。

（3）拓宽信息收集渠道，丰富信息资源。

（4）加强对信息的深入挖掘、分析归纳，形成有广度和深度的高层次信息。

（5）围绕事物发展变化的方向和趋势，超前提供预测性信息。

2. 信息开发的类型

根据信息资料的内容、性质和加工情况，可将信息分为以下类型。

（1）一次信息。即经过初步加工的原始信息，如原始的调查资料、期刊论文、会议记录、统计报表等。一次信息具有真实、具体、详尽的特点，是直接参考和借鉴的主要依据。对一次信息进行开发可以把零散的原始信息整理为有序的信息，方便信息利用者查找利用。主要开发形式有复印资料、剪报等。

（2）二次信息。二次信息是对一次信息进行整理、加工、提炼，并按照一定的逻辑顺序和科学体系加以编排之后所得到的新的信息，是为了便于管理和利用一次信息而浓缩、编辑起来的工具性信息资料，二次信息具有明显的汇集性、系统性和可检索性。主要的开发形式有目录、索引、简介、文摘等。

（3）三次信息。三次信息是在一、二次信息的基础上，经过综合分析而编写出来的文献资料，它通常是围绕某个专题，利用二次信息提供的线索，检索选用一定的相关资料，对其内容进行深度加工而成。这些带有评论性质并预测事物发展趋势的书面材料，具有较高的实用价值。主要的开发形式有综述、专题述评、调查报告、进展报告等。

3. 信息开发的方法

信息开发是信息处理的重要环节，是对信息的深加工，它既是一个工作过程，也是一个思维活动过程。具体方法有以下几种：

（1）汇集法。把许多初始状态的信息按一定的标准汇集在一起，反映某一事项或活动的概况和问题。

（2）归纳法。将反映某一主题的信息集中在一起进行分析研究，归纳说明某一时期或某一方面的工作情况。这是开发信息最常用的一种方法，归纳要求全面系统、清楚完整、说理清晰。

（3）纵深法。根据某一主题的需要，把有内在联系的信息从纵向角度进行研究，搞清问题的来龙去脉，找出事物的发展规律。

（4）连横法。把若干个不同方面或不同时期的有内在联系的信息，从横向方面联结起来，作出比较分析，找出信息间的异同。

（5）转换法。把人们比较生疏、不易理解的信息，转换成人们熟知的对象，以便信息的传递和利用。

（6）图表法。把原始信息中的数据按照一定的规律制成图表，使信息资料更加简单直观。

（7）推理法。根据事物的内在联系和发展规律，对收集到的信息在加工中进行判断和推理，形成新的概念、结论。

项目 6 办公室管理实务与训练

> 办公室是领导人进行指挥、管理、决策的重要场所,也是秘书和其他工作人员的工作室,又是联系社会公众、开展业务往来的中心场所。管理好办公室是秘书的一项重要的日常工作,它直接影响着企业的形象和工作绩效。
>
> 办公室管理既包括办公环境与物品的管理,又包括办公人员的行为管理。

任务 1 办公空间的设计规划

6.1.1 任务描述

艾丽服装有限公司新近增设设计部,该部设有经理 1 人,秘书 1 人,设计师 4 人。公司总经理决定把公司四楼相邻的 3 个房间划归设计部作为办公场地。这 3 个房间大小分别为 15 m^2、20 m^2、30 m^2。总经理办公室秘书小李负责规划新的办公室,并添置必要的办公设备。

6.1.2 任务实施

1. 实训目的

通过训练,使学生掌握办公空间设计和家具布置的原则,能够根据现有条件对办公室进行规划布局。

2. 实训要求

学生以每 2 人为一组,设计规划办公空间平面图。设计应符合简化合理、方便使用、易于沟通、确保守密及休息等要求。

3. 实训流程

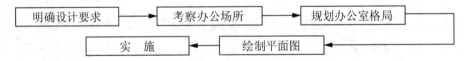

6.1.3 任务分析

办公室布局设计应充分利用公司现有的场地条件,遵循简化合理、方便实用、功能齐全的原则,尽量使环境方便工作,并按照工作流程和职位进行安排。

一般来说,上司应该有单独的工作区域,以便其不受外界干扰,能够集中精力处理重要问题;同时又要和秘书保持最紧密的联系,以便于工作上的交流与沟通。因此秘书的办公室应紧靠上司办公室,起挡驾和保密作用;而打字、复印应离上司办公室远一些,以免杂音影响工作(如图 6-1 所示)。

图 6-1 上司的办公室

办公室人员在一间大的办公室中。人数较多时，办公桌加胸围墙，用高约 1 m 的软包装隔板，隔成多个 3~4 m² 的个人工作区，每人的工作区各有自己的桌椅和配套设备用品，办公室人员坐着时相互看不见，免得干扰，站起身时，仍然可以看见其他员工的座位。办公室人员较少而空间较开阔时，办公区域可采用直线式条块布局，每人 1 张办公桌椅和配套设备，一排排迎向门坐或相对而坐，井然有序，一目了然（如图 6-2、图 6-3 所示）。

图 6-2　公司员工办公室（1）　　　　　图 6-3　公司员工办公室（2）

每间办公室都有办公家具，如桌椅、书架、茶几设备柜、资料柜等，配以电话、电灯、电脑、打印机、扫描仪、复印机、传真机等设备，布置时应尽量依墙排列，这样能使视觉空间增大，中部应尽量留出空间，以便行走、活动。

办公室是企业的"窗口"，经常要接待客人，因此除办公室外，还应设置接待室和会议室。接待室、会议室应靠近楼梯口，客人进出较方便。接待室不必过大，能放置一至二套沙发，同时接待七八位客人即可。会议室以能够容纳 20 人左右开会为宜，除了必要的桌椅之外，还应配置便携式投影仪、采访机、黑板、饮水机、数码照相机等会议设备（如图 6-4、图 6-5 所示）。

图 6-4　接待室　　　　　　　　　　　图 6-5　会议室

6.1.4　参考答案

任务的参考答案如图 6-6、图 6-7 所示。

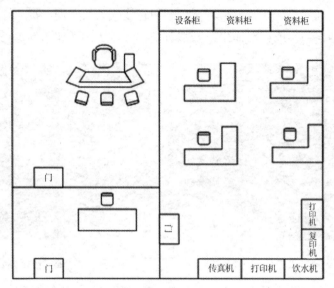

图 6-6　办公室布局平面图

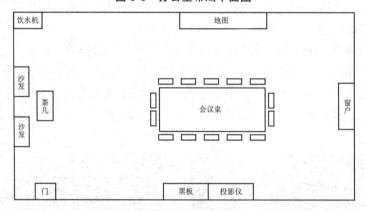

图 6-7　会议室布局平面图

任务 2　办公用品的购置

6.2.1　任务描述

杨虹是艾丽服装有限公司设计部的秘书。这个部门成立不久，需要添置许多办公用品，分别是墨盒 1 个、打印纸 2 包、订书机 2 个、文件夹 30 个、回形针 5 盒、剪刀 4 把、台笔 6 支、茶叶 2 包。杨虹了解到公司的库存有墨盒、回形针和 10 个文件夹，于是填写了 1 份采购单,经上司同意后,前往文化用品市场购买了需要的产品并取得有关凭证。

6.2.2 任务实施

1. 实训目的

通过训练,使学生掌握办公用品购置基础文件的制作及办公用品申购程序。

2. 实训要求

学生以每 4 人为一组,完成办公用品采购流程;编制《办公用品申购表》《订货单》《交货单》,要求格式标准、项目齐全。

3. 实训流程

6.2.3 任务分析

办公用品是办公的必备工具,是办公人员在办公过程中需要用到的各种办公耗材和小型设备。按照使用频率可以分为易耗品和小型设备。小型设备主要是指装订机、办公桌椅等。易耗品包括以下几类。

(1)纸簿类:信封、笔记本、备忘录本、办公用复印纸、传真纸、复写纸、带单位抬头的稿纸、牛皮纸、便条纸、专用本册(如现金收据本)等。

(2)笔尺类:铅笔、圆珠笔、钢笔或签字笔、彩色笔、白板笔、橡皮、各种尺子、修正液、修正带等。

(3)小装订类:打孔机、订书机、订书钉、胶水、橡皮筋、纸夹、大头针、曲别针、剪刀、胶带等。

(4)归档用品:各种文件夹、文件袋、档案袋、收件日期戳。

(5)办公设备专用易耗品:打印机墨盒、软盘、光盘、U盘等。

秘书需熟悉办公用品的种类、采购方式、进出手续,在办公用品购置前要根据实际需要和以往的惯例做一个采购计划,填写申购表,一般包括采购物品的名称、数量、规格、单位、申请部门、库存、实需购买量、完成情况等。

在单位内部申领办公用品,大公司往往专门设立一个部门专门订购和储备办公用品,秘书只需填写《办公用品领用申请表》即可。如果需要秘书亲自去外面购买,则应注意:

(1)遵循价廉物美的原则,多跑几家商店,比较不同供应商的价格、质量和信誉,尽量批量购进,这样可以降低价格。

(2)购买办公用品还要明确供应商是否能够按照时间、数量和地点的要求及时供应,能否保证物品包装、存放、运输和交货的安全。

(3)购进物品后应该仔细检验货物的质量,注意物品性能是否符合标准,物品质量是否符合需要,厂商是否能提供培训和维护服务,最好选择那些可以更换不合格物品的供应商。

(4)采购工作中,要严格执行财务制度,做到单据、账目、手续清楚,如检查订货单、交货单、发票的编号、日期、物品名、签收等是否齐全。

6.2.4 参考答案

任务的参考答案如表 6-1～表 6-3 所示。

表 6-1 办公用品申购表

申购人		申购部门		申购时间	
序号	物品名称	规格型号	数量	单价	备注
申购理由					
部门意见					
财务部门意见					
主管部门意见					

表 6-2 订货单

订单号:								
供货单位: 联系人: 电话: 地址:				购货单位: 联系人: 电话: 地址:				
序号	型号	规格	单位	数量	单价	总价	备注	
合计	人民币（小写）			人民币（大写）				
付款方式	□货到付款 □网上支付 □邮政汇款 □银行汇款（□建设银行 □农业银行）					提货方式	□自提 □送货上门	
经办人:			购物单位公章: 　　　　年　月　日			供货方确认: 回复时间:		
审批签字:								
审批日期:								

表 6-3 交货单

送货单位名称:					
客户名称:					
送货日期:					
收货日期:					
序号	品名/规格	采购/订单号	交货数量	实收数量	备注
送货人:					
收货人:					
随货发票：□有 □无					
发票号码:					

任务 3 办公设备和用品的管理

6.3.1 任务描述

艾丽服装有限公司每年要维修或更换大批办公设备，办公用品的消耗量也非常大。办公室秘书小李通过仔细观察，发现了原因所在：各部门办公设备的使用基本处于无序状态，常常是机器好时，谁都能用甚至滥用，一旦机器发生了故障，谁都不管；办公用品的发放也比较随意，入库和出库均没有详细的记录，且常常不能及时更新。如何使这两项工作规范化？小李动起了脑筋。

6.3.2 任务实施

1. 实训目的

通过训练，使学生掌握办公设备和办公用品管理基础文件的制作，明确管理要求、管理程序和管理方法。

2. 实训要求

（1）学生以每4人为一组，讨论上述案例的解决方案；编制《办公设备使用管理规定》《办公用品领用申请表》《库存控制卡》，要求格式标准、项目齐全；

（2）设计情节和台词，分角色扮演秘书小李、物品领用员工、员工所在部门主管，在模拟公司办公室里完成办公用品领用程序。

3. 实训流程

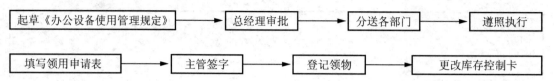

6.3.3 任务分析

1. 办公设备的管理

办公设备是秘书工作的助手，合理的办公用具，现代化的办公设备，会使秘书工作更加顺利流畅。现代化的办公设备主要有电话、电脑、打印机、传真机、复印机、扫描仪、照相机、录像机、幻灯机、移动存储设备、音响设备、投影仪及各部门配备的空调等。秘书对办公设备的管理，就是要对办公设备进行合理的使用、维护和保养；保证办公设备的正常运转，消除各种人为事故；提高各种办公设备的利用率，降低费用。

办公设备管理的要求是：

（1）实行明确的责任制，由专人负责使用和管理，不得以任何借口将设备借出、转让、调拨，更不允许被个人占用。员工在复印、传真前要由主管人员签字批准，并做好登记；领用摄像机、投影仪、照相机等昂贵设备时，更要详细记录，其中包括日期、领用部门、领用人姓名、主管签字、归还日期等。

（2）做好办公设备的资产登记，保证有关资料的完备。设备的发票、说明书、维修单等资料都要妥善保管；设备损耗、报废、添置等都应有账可查，防止因混乱而造成的浪费或资产流失。

（3）设备必须摆放在指定位置，不得随意放置；制定机器设备使用的操作规范，平时严格按照操作规程使用，督促员工注意爱护，依照正确的方法操作使用；严禁在计算机上使用未经杀毒的光盘、软盘、U盘等外存储设备，以防病毒侵入。

（4）管理员要熟悉设备性能，对设备要定期进行检查、保养；发现故障要及时与售后维修公司取得联系，以便尽快维修；安装必要的防火、防尘、防磁、防锈、防潮、防震、防高温、防雷击、防腐蚀等防护装置；在日常维护时，要进行必要的润滑、紧固、调整、清洁等维护，同时注意对设备所需环境条件的控制。

2. 办公用品的管理

（1）建立发放制度，严格审批手续。为了能有序、有效地管理办公用品，杜绝短缺或浪费的现象，企业要建立严格的发放制度。制度中应规定办公用品实行统一管理、部门使用的办法，由专人定时定量负责发放，各部门需要办公用品，必须先填写《办公用品领用登记表》，交部门负责人审核后，由专人统一发放。所购办公用品由综合部统一登记造册。物品领用申请表应包括下列项目：申领部门、物品名称（项目）、数量、特殊要求、发放人签字、领取人签字、负责人签字、日期。

（2）进行勤俭节约教育。对企业内部人员加强厉行节约的教育，杜绝随意乱丢、假公济私或挪作他用。员工个人使用的办公用品由使用人自觉维护,严禁取回家私用,有损坏或丢失由使用人折价赔偿;各部门办公物品由指定专人监管,发现有浪费行为应予以制止,如有损坏或丢失,由直接责任人及保管员负责折价赔偿。打印纸的使用以节约为原则,除正式文件及合同外,其他打印文件尽量双面使用。

(3)定期核查,杜绝流失。发放员须及时做好各类办公用品的入库及出库手续,出库时由领用人签字,不得由他人代签、代领;在发放工作中应该按照企业的制度,严审申请单据,仔细核实领用物品的数量、规格和项目,做好发放记录;定期清点办公用品的数量和规格,及时更新库存记录,认真填写库存控制卡,以便能够掌握物品的供应状况。

6.3.4 参考答案

任务的参考答案如表 6-4~表 6-6 所示。

表 6-4 办公用品领用申请表

申请时间:

申领部门		领用人	
物品名称	物品数量	物品名称	物品数量
部门意见		主管领导意见	
库房审核		发放人	

表 6-5 库存控制卡

库存参考号: 项目: 单位:				最大库存量: 最小库存量: 需再订货量:				
日期	接 收			发 放				
	数量	发票号	供应商	数量	申请号	领用人	余额	

表6-6　办公设备使用管理规定

艾丽服装有限公司办公设备使用管理规定

为使公司办公设备的保养、日常维护、故障报修有章可循，以维持办公设备正常运转，特制定以下管理规定：

一、各部门的电脑及附属设备由所在部门负责管理，要专人保管。

二、综合管理部建立固定资产造册登记，定期对使用设备进行盘点，随时查核设备账册所载的名称、规格和数量是否与实际相符。

三、所有办公设备须由指定专人负责管理与操作，要求负责人具备熟练的操作能力，懂得基本的维修常识，定期检查保养检修设备，认真登记使用情况。

四、工作人员应加强学习，掌握正确的使用方法，按规范要求操作使用各类办公设备。注意电脑设备的保养和维护，严防病毒侵入；工作时间不得利用电脑设备玩游戏、看影片，不得自行调换、拆卸、搬移、处理电脑及附属设备。

五、复印机只为正常办公提供复印服务，凡与办公无关的文件、资料一律不准复印。复印文件的页数和份数的总和在30张以上的，原则上到文印中心办理。

六、电脑、打印机、复印机等设备下班后须切断电源，防止事故隐患。

七、新购置办公设备须按经费开支规定报领导批准后方可办理。

八、设备发生故障时，须报综合管理部联系设备维修商进行修理，禁止非专业人员随意拆卸。

任务4　办公环境的管理

6.4.1　任务描述

杨虹是艾丽服装有限公司设计部的秘书。早上上班时，她总是提前15分钟左右到达公司，整理上司和自己的办公室，为正式上班做好准备。她先把经理办公室的窗帘拉起，打开窗户通风，给室内的植物浇水，将空调调到适宜的温度，接着把办公桌和茶几上散乱摆放的文件资料码放整齐，用干净的抹布擦拭桌面和衣帽架，并将烟灰缸和废纸篓清理干净。然后，杨虹回到自己的办公桌前，清洁整理写字台和文件，把胶水、订书机、胶带放进文具盒里，用酒精棉擦拭电话话筒和传真机磁头。之后，杨虹又来到接待室，清洁地面和沙发，给花卉浇水，并把当天的新报纸夹进报架，把书架上供阅览的资料、宣传品摆放整齐。做完这些，杨虹回到自己的办公桌前，打开了电脑，开始一天的工作。

6.4.2　任务实施

1. 实训目的

通过训练，使学生了解办公环境的构成因素及基本要求，明确秘书的办公责任区，掌握维护和管理办公环境的方法。

2. 实训要求

（1）学生以每 4 人为一组，到学校各系部办公室、学生会和各社团办公室进行环境考察，就办公环境问题进行讨论，分析存在的问题。

（2）每个同学轮流扮演秘书，完成办公区域维护和整理的过程，1 人演练时，其余 3 人监督和评价；实训在模拟公司办公室里完成。

3. 实训流程

6.4.3 任务分析

办公室环境是由办公室所在地、建筑设计和室内空气、光线、颜色、办公设备及办公室的布局、布置等因素构成的。每个人都希望在良好的办公环境中工作，以提高工作效率，因此秘书人员要主动了解办公室环境布置的要求，动手为大家营造一个优化的办公环境。

1. 办公室的布置

上司的办公室是上司集中精力工作和思考决策的场所，理想的环境效果应该是整洁、安静、高雅、冷暖适宜、绿化适当；办公桌椅和用具的摆放，首先要考虑的是方便上司办公，提高效率，因此秘书应了解上司的工作习惯和使用要求，主动调整办公设备的布置，帮助上司便利地开展工作。

客人进入上司的办公室之前必须从秘书的办公桌前通过，是基于保密和挡驾的需要，这是办公室布置的关键点。

秘书的办公桌上物件的摆放应简单有序，一些常用的小件文具（如笔、胶水、剪刀、回形针、印盒等）应分门别类放在文具盒或抽屉中，避免给人凌乱的感觉；香水、毛巾、饭盒等私人用品不要出现在外人目所能及的地方，以免破坏办公室的庄重气氛。电话一般安装在左边，便于左手摘机，右手执笔做记录，要保证电话机的洁净。电脑一般放在桌子的右边。各种类型的文件柜、桌上的文件夹，都要分门别类安放文件和资料，并贴上相应的标识条；往架子上摆放物品时，纸张和较重的东西放在下面几层，重要的、常用物品放在稍高于眼光平行的层面上，较小的、零散的物品先放入盒中，用标签贴在盒子的下方。应该有两个带锁的抽屉，用来放公章、介绍信、办公室零用现金和要求保密的东西。

2. 办公环境的清洁

整洁的办公环境能给人秩序感和舒适感，使人的情绪安定、精神愉快，有助于提高工作效率。维护办公环境的整洁要做到：

（1）地面应天天打扫，桌椅应天天擦拭，门窗、橱柜、墙面、挂画、摆设等应定期擦拭，每天要打开窗户通风、调温。

（2）经常清理文件柜、书架、物品柜等家具，把文件摆放整齐，所用文件夹应叠放在桌边或直立在文件架上，并贴有标识予以区分，定期对文件进行归类，将一些无用的文件销毁。

（3）电脑、打印机等不用时要用罩子盖好，定期用干净的抹布擦拭，电话按键、听筒和传真机的磁头应经常用乙醇消毒。

（4）定期打扫接待室和会议室，用吸尘器吸去地毯、墙角的灰尘；在来访客人离开或会后应立即清理现场，保证在下一个访客或会议前显现的仍是一个清洁整齐的环境。喝水用过的杯子要及时地清理，用过的一次性杯子要扔掉，烟灰缸要及时倾倒、清洗。

（5）每天清倒废物筒。在清理上司的废纸篓时要特别细心，涉及工作秘密的任何纸张都不能扔在废纸篓中，须拣出用碎纸机打碎。

（6）养成每天下班前收拾好办公室的习惯，特别是对上司的办公桌进行整理。

3．办公环境的美化

秘书工作的主要场所是办公室，美化办公室，营造一个整洁安静、空气清新、和谐舒适、格调高雅的办公环境，是秘书的日常工作职责之一，也是衡量秘书的能力与素质的重要标准。

（1）注意色彩搭配。颜色与心情的关系非常密切，色彩的选择与搭配关系到整个办公空间的整体效果和办公氛围，必须认真把握。暖色调的墙面和地面可使办公室产生一种温馨的氛围，而冷色调的墙地面则让人感觉清凉；素色、白色、灰色等浅色显得简约，黑色、红色等深色则显得厚重。一般而言，天花板用白色，墙壁用淡色，地板可深些，桌椅、橱柜等家具款式应统一，色彩应协调，呈现自然柔和的搭配，反差不要太大。灯具应选择样式朴素、光照明亮的，窗帘应选择颜色柔和且便于保洁的材料，这样就可以使人心情愉快，减轻工作疲劳，增强思维能力，提高工作效率。

（2）办公室的绿化。办公室的绿化是不容忽视的，将自然环境引入室内，不仅能点缀美化环境，而且可以调节周围气氛，给办公环境带来一派生机。另外，绿化办公室还有助于员工提高工作效率，因为植物通过光合作用，能有效吸收对人体有害的二氧化碳，同时释放出氧气，净化空气，可使人心旷神怡，心情愉悦。但要注意绿化装饰应色淡香微，浓重的颜色和香气，容易分散人的注意力，刺激人的嗅觉。

（3）装饰办公室。布置办公室，要与整个单位的性质或企业文化相适应，讲究格调高雅，避免奢侈和俗气，因此不宜采用过多的装饰品。常见的做法就是在室内悬挂一些装饰画或大幅照片，陈列柜上则可以摆放公司产品的样品和工艺品装饰，给工作的员工和来访者以简约、优雅、舒适的印象，避免办公室布置过于单调死板。

任务5 值班工作

6.5.1 任务描述

周日上午 9：00，艾丽服装有限公司办公室秘书小李来到公司值班室值班。上一班的林秘书手头还有一份没有打完的资料，是总经理第二天要用的。与林秘书交接完工作后，小李坐下继续打字。10：30，他突然接到保卫人员的电话，说有一个顾客，因购买的产品出现质量问题前来寻求处理办法。小李在接待室里接待了来客，对来客提出的问题仔细做了记录，表示在第二天下班之前会给他答复。13：00，文件打完，小李把文件放到了经理办公桌上，接着又接收了 3 封邮件。她核对了信件的收信人，在值班室的登记簿上签了字。16：30，小李在公司巡查了一遍，确保没有人的办公室电源、门窗都关好，然后填写了值班记录。17：00，下一班值班人员到岗，两人交接完工作后，小李下班。

6.5.2 任务实施

1. 实训目的

通过训练，使学生掌握值班工作的具体任务和纪律要求。

2. 实训要求

学生以每 4 人为一组，编制《值班安排表》《值班记录簿》和《来访登记表》，把以上情境内容填入值班记录簿和来访登记表。

3. 实训流程

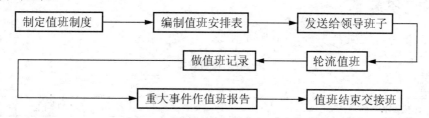

6.5.3 任务分析

值班是秘书部门的日常工作之一。值班室是单位对外沟通、对内联络的重要窗口之一。加强值班工作，对于维护单位的正常工作和生产、保证安全、及时信息传递、畅通业务联系有着重要的作用。

值班工作的形式通常有以下两种。

（1）日常性值班。由单位员工轮流参加下班后、午间、夜间和节假日的值班任务。

（2）非常时期的紧急值班。一般在救灾抢险、重大事故等特殊情况下安排，通常由领导班子亲自带班，以便果断处理问题。

值班工作的任务主要有以下几项。

（1）通信联络。接听电话并做电话记录，根据电话内容，分别作出相应处理；接受并登记文件，妥善保存，及时转交至各收件部门或收件人手里；收受的紧急公文，应按文书工作的要求立即办理，如接到突发事件的报告，应及时报告领导。值班室应备有各部门领导人和交通、公安、消防、急救等常用电话号码表，应密切保持与单位负责人的联系。

（2）接待来访。无论是有约来访还是无约来访，值班人员都应热情接待，了解来客单位、姓名、目的，做好接待记录。对来客反映的问题，能够当场解答的，应按政策规定给予答复，否则视具体情况或留待上班时转请有关部门接待处理，或适时向领导汇报，做好会见的具体安排。

（3）承办领导临时交办的事务。值班人员有时可能会接到领导临时交办的工作，如下达各种通知、咨询某些情况、寻找联络某人、查问某些资料、预订旅馆和车船票、安排车辆接送等。值班人员应及时、准确地完成工作。

　　（4）处理突发事件。值班时偶尔会有突发事件，如地震、水灾、火灾、台风、盗窃、坏人闹事、交通事故、食物中毒、厂矿工伤事故等。值班人员应沉着、冷静，反应要快，行动要及时，要做到：

　　① 迅速赶赴现场，详细了解事件（事故）发生的时间、地点、经过、人员伤亡情况和损失情况，及时向领导报告，必要时立即通知相关部门人员及时救治救灾；

　　② 保护好事件（事故）现场，保留证据，做好物品的保管和日常维护工作；

　　③ 妥善处理善后工作；事件（事故）处理工作结束后，写出事件（事故）处理经过，报领导审阅后归档。

　　（5）安全和保密工作。值班工作是确保单位文件资料、设施设备的机密和安全的必要保证。值班室应与治安保卫人员协调配合，对外来人员进行审查、登记、验证等。对于没有专职保卫人员的单位，夜间和节假日值班室应有 2 人值班，以保证安全。值班时应进行定时巡逻，发现异常情况应迅速报告有关领导和保卫部门。

6.5.4 参考答案

　　任务的参考答案如表 6-7～表 6-9 所示。

表 6-7　值班安排表

部门	月份					
	星期日	星期一	星期二	星期三	星期四	星期五	星期六
部门							
部门							

表 6-8　值班记录簿

值勤人			
承办事项		重要记事	
函电收件总数			
年　月　日　星期　　时　分起至　　时止　天气			

表 6-9　来访登记表

日期：								值班人：	
序号	来访时间	来访人单位	来访人姓名	来访目的	要求接见人员的部门、姓名	是否有预约	实际接见人	备注

任务 6　印信管理

6.6.1　任务描述

办公室秘书小叶正在准备明天展览会所需材料。设计部的王涛来到办公室对小叶说公司派自己和另一位设计师前往某公司洽谈项目合作，需要开具一份介绍信。小叶因腾不开手，于是随手把印章和介绍信交给王涛让他自己填写盖章。办公室主任老李看到这一幕，严肃地制止并批评了小叶的行为。

6.6.2　任务实施

1. 实训目的

通过训练，使学生掌握公章的使用程序、盖章规范和保管要求，掌握介绍信内容的填写规范、开具程序和管理要求。

2. 实训要求

学生以每 4 人为一组，指出上述事件的错误所在，讨论正确做法；
（1）编制《印章使用登记表》、带存根的印刷《介绍信》，要求格式标准、项目齐全。
（2）设计情节和台词，分角色扮演秘书小叶、王涛、老李，在模拟公司办公室里完成开具介绍信和用印程序。

3. 实训流程

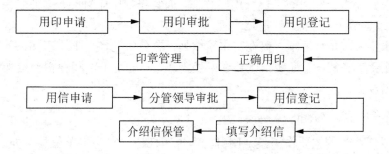

6.6.3 任务分析

印章和介绍信是各级各类机关、企事业单位、组织团体等行使职权的凭证和对外联系的标志。印信工作是指对公务印章和介绍信的管理、使用工作，是秘书部门和秘书人员的重要职责。

1. 印章的管理

印章是单位职责、权力的象征。秘书部门保管的印章按其性质和作用主要有公章、负责人名章和各种专用章。

公章是代表一个单位的正式印章，是单位权力的代表和职能的标志，具有法定的权威性。我国的公章一律为圆形，外资企业的公章则有圆形和椭圆形之分，圆形为国内公章，椭圆形或方形为国际公章。任何单位对内或对外发生的文件，一经加盖公章，即具有法律效力。

负责人名章是单位主要负责人的姓名印章，目的是代替手写姓名，它代表法人，象征职权，因此同样具有权威性，属于公务章范畴。

专用印章是指各类单位为履行自己的某项专门职责而使用的印章。这种印章并不代表整个单位，只反映某项专门业务内容和某种专门职责的权力，如"财务专用章""合同专用章""销售专用章"等。这些专用章，只供处理某项专门事宜使用。

印章的管理工作应该选择可靠的秘书人员负责保管，未经领导批准不得擅自委托他人代管。印章要选择比较安全的地方存放，存放印章的办公桌应该配备坚固的锁，以防印章被盗用，一旦发现丢失或异常，应立刻保护现场，及时报告领导，必要时报告保卫、公安部门协助调查。印章管理人员务必养成即取即用、用完放回原处并马上锁好的习惯，即使是同一天要多次使用，也不能将印章随意放在办公桌上。节假日时，更要注意做好安全工作，将存放印章的抽屉或保险柜锁住，并贴上封条，重新启用时须检查封条和锁是否完好。

2. 印章的使用

印章的使用是一项严肃的工作，它关系到单位的声誉、责任，必须建立、健全相应的规章制度，才能确保印章的正确使用。

凡使用印章，必须严格履行审批手续，经单位主管领导批准后，方可向印章管理员提出用印要求。文件和信件用印，应以单位领导的发文签发为准，按应发的份数盖章，秘书人员不得擅自决定用印。

用印前应先在用印登记簿上进行用印登记，内容包括用印时间、文件名称、印章类别、盖章次数、批准部门、批准人、盖章人等。

盖印要求字迹端正、清晰，盖在文末落款处、署名中间，上不压正文，下要骑年盖月。带有存根的公函或介绍信、证明信则要在两处盖章，一处是正本和存根连接处的骑缝线上，一处是文末落款处。

3. 介绍信的管理和使用

介绍信或证明信的主要作用是证明身份和说明任务，它为本单位员工外出联系工作、了解情况、洽谈业务、出席会议等提供了方便。介绍信一般有三种：打印成文带存根的介绍信（如表 6-13 所示）、不带存根的介绍信（如表 6-10 所示）、信函式介绍信（如表 6-11 所示）。

表 6-10　不带存根的介绍信

介　绍　信

_____：

　　兹有_____等_____名同志，前往_____联系_____事宜，望接洽并予协助。
　　此致
敬礼！

×××（盖章）
年　月　日
（有效期____天）

表 6-11　信函式介绍信

×××公司信函

×函字　　号

介绍信或证明信的管理要严肃认真，要有专人负责，不能随意放在桌上，应锁进专柜或办公桌抽屉里，随用随取随收，以免丢失或被人利用。

开具介绍信必须经主管领导批准，填写姓名和身份要真实无误，事项要具体、清楚，内容应简明扼要，注意不能漏填编号、有效期限。存根和介绍信的内容要一致，一封介绍信只能填写一个单位。介绍信存根要存档，一般保存期限为 5 年。

严禁开具盖有印章的空白介绍信，以免被坏人利用。

参考答案

任务的参考答案如表 6-12、表 6-13 所示。

表 6-12　印章使用登记表

盖章日期	文件名称和发文号	印章类别	盖章次数	批准部门	批准人	盖章人	备注

表 6-13　带存根的介绍信

介 绍 信（存根）

_____字_____号

_____等____名同志，前往_____联系_____事宜。

年　月　日

- -

介　绍　信

_____字_____号

兹有_____等____名同志，前往_____联系_____事宜，望接洽并予协助。

　　此致
敬礼！

×××（盖章）

年　月　日

（有效期____天）

项目 7 商务活动工作实务与训练

> 商务活动是指企业为实现生产经营目的而从事的各类有关资源、知识、信息交易等活动的总称。商务活动内容繁多，常见的表现形式有酒会、年会、信息发布会、商务庆典、对外开放参观等。秘书人员应当熟悉常见商务活动的内容及操作流程，协助做好相应的筹备、组织和管理工作。

任务1 签字仪式

7.1.1 任务描述

九州照明电器有限公司与华艺光电科技有限公司就开展户外工程用灯和景观灯生产合作项目达成协议,双方定于明天在华艺光电科技有限公司举行签字仪式。华艺光电科技有限公司总经理助理贺军负责签字活动的筹备、组织工作。

7.1.2 任务实施

1. 实训目的

通过训练,使学生掌握签字仪式现场布置的方法,熟悉签字仪式基本程序与相关安排,注意礼仪风度。

2. 实训要求

学生以每10人为一组,分角色扮演,模拟签字仪式全过程,包括:
(1)布置签字桌椅。
(2)制作会标。
(3)印制合同文本,准备签约用具。
(4)按正确程序完成签约过程。

3. 实训流程

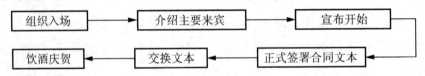

7.1.3 任务分析

签字仪式,通常是指会谈的各方对达成的合同、协议、条约进行共同签署时所正式举行的仪式。签字仪式是一种比较庄严、隆重的礼仪,体现了各方的会谈诚意和对会谈结果的高度重视,也是各方对自己履行合同、协议所作出的正式承诺。

举行签字仪式通常要做好以下几个方面的工作。

1. 确定出席人员

各方要事先商定好签字人。签字人可以是参加谈判的主谈人,也可由更高级别的领导人签,以示重视。各方签字人工作性质应基本一致,身份亦大体对等,并具有法定的全权代表资格。

各方助签人的人选也应事先商定,并由助签人洽谈好仪式的有关细节。助签人的主要职责是帮助签字人翻揭文本,指明签字之处。

其他出席签字仪式的观礼人员基本上是各方参加谈判的人员，人数最好大体相等。为了表示重视，可以邀请主方或各方更高一层的领导人出席签字仪式，也可邀请媒体单位的记者出席签字仪式以扩大影响。

2. 准备文本

正式签署的文本一般由主方负责准备。文本分正本与副本，正本用于签字后各方各保存一本，副本的印制数量和各方保存的份数由实际需要协商确定，副本一般不用签字、盖章。

负责准备文本的有关人员应及早做好文本的定稿、翻译、校对、印刷、装订、盖章等各项工作。同时要准备好签字用的文具、会标、代表双方组织的旗帜或标识牌、国旗、香槟酒等物品。

3. 布置签字厅

签字厅一般安排在宽敞明亮的大厅内，也可安排在会议厅、会客室内，现场布置的总要求是简洁、庄重。一般在签字厅内面门横放长方形签字桌一张，桌面覆盖深颜色呢台布，桌上摆放双方保存的文本和签字用具（签字笔、吸墨器等），桌中间摆一旗架，悬挂签字双方的旗帜。签字桌后放置两张椅子作为双方签字人的座位。

签字时各方代表的座次的正确安排是：签署双边协议时，双方签字人居中面门而坐，客方签字人就座于签字桌右侧，主方签字人就座于签字桌左侧；双方助签人分别站立于己方签字人的外侧；双方其他随员按身份、地位依次排列于己方签字人员之后（如图7-1所示）。签署多边协议时，一般仅设一把座椅，各方签字人依照事先商定的先后顺序，依次上前就座签字，助签人站于签字人左侧，有关随员按照一定的顺序面对签字桌排行站立。

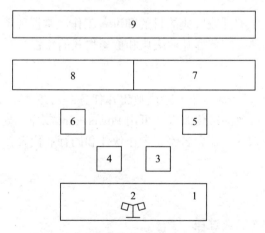

图 7-1　签字桌及人员站位示意图

1—签字桌；2—双方标识或小国旗；3—主方签字人；4—客方签字人；
5—主方助签人；6—客方助签人；7—主方参加人员；8—客方参加人员；9—会标

4. 进入签字程序

（1）人员就座。有关各方人员步入签字厅，在各自既定的位置上就位。

（2）签署文件。助签人员协助翻揭文本、指明签字处，签字人首先在己方保存的文本上签字，然后由助签人员互相传递文本，再在对方保存的文本上签字。依照礼仪规范，每位签字人在己方保留的文本上签字时，应当名列首位。

（3）交换文本。签字人起立，正式交换各方签署的文本，然后热烈握手，互致祝贺，并互换方才用过的签字笔，以示纪念。全场人员应鼓掌表示祝贺。

（4）庆贺。交换已签的合同文本后，礼仪小姐端上香槟酒，双方签字人共同举杯干上一杯香槟酒以示庆贺。

任务2 开业典礼

7.2.1 任务描述

浙江恒泰利建材集团公司将于本月15日举行恒泰利集团百汇店开业庆典，届时，将邀请本市肖易禾市长出席剪彩仪式。为了把庆典搞得更隆重，恒泰利集团做了充分的准备工作，先期利用报纸、电台、广告传单等广泛发布开业消息，以引起社会公众的注意；然后由集团领导出面邀请上级领导、新闻界人士和同行业代表参加，扩大宣传效果；专门拨出采买人员，筹办场地用品和馈赠礼品，把现场布置得十分热闹隆重。一切准备已就绪，期待这次开业庆典取得预期的成功。

7.2.2 任务实施

1. 实训目的

通过训练，使学生了解开业庆典的目的和准备工作，掌握现场布置（横幅、标语、装饰等）的要求和方法，熟悉并掌握开业庆典和剪彩仪式的流程。

2. 实训要求

学生以10人为一组，完成以下6项庆典工作任务：
（1）设计一份开业庆典的宣传海报（可用 PowerPoint 制作，要求图文并茂）。
（2）邀请相关上级领导、社会名流、合作伙伴和同行业代表。
（3）联系媒体。
（4）准备礼品。
（5）现场布置。
（6）分角色完成整个庆典过程。

3. 实训流程

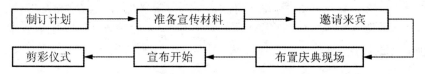

7.2.3 任务分析

开业典礼不只是一个简单的程序化庆典活动,更是一个企业的经济实力与社会形象的精彩亮相。企业通过开业庆典的宣传,吸引公众的注意力,向公众展示其商业理念、产品及服务等,同时也可以广交朋友,广结善缘。因此,做好宣传工作、提高企业的知名度和美誉度是开业典礼的重点。

1. 开业典礼的准备

(1) 舆论宣传

较为常见的舆论宣传的形式:一是通过报纸、广播、网络、传单等大众传播媒介,进行广告宣传,其内容多为开业典礼举行的日期、地点、促销措施、经营特色等,宣传要突出热烈、喜庆、欢快的气氛,给社会公众留下隆重、深刻的印象;二是邀请媒体记者届时到场进行采访、报告,以便对本公司进行进一步的正面宣传。

企业秘书可事先编写宣传材料,庆典开始之际将材料装在特制的包装袋内发给来宾。对记者,还应额外提供其他较详细的资料或辅助编写通讯,以方便记者写作新闻稿件。

(2) 来宾邀请

在来宾的邀请上需要精心考虑,庆典活动影响的大小,实际上往往取决于来宾身份的高低与数量的多少。在力所能及的条件下,要力争多邀请一些知名人士来参加开业典礼,这样才能制造新闻效应,发挥舆论的积极作用。一般来说,庆典的出席者通常包括地方领导、上级主管部门与地方职能管理部门的领导、社会名流、新闻媒体记者、合作伙伴、业内相关行业的权威人士等。来宾的名单一旦确定,就应尽早通知对方并发出邀请请柬,以便对方早作安排。请柬应制作精美,认真书写,重要的嘉宾要派专人亲自上门邀请。

(3) 场地布置

开业典礼的地点一般在开业现场,场地的规模大小需要根据参加人员而定。按惯例,举行仪式时宾主一律站立,故一般不设主席台或座椅。为了烘托出热烈、喜庆的气氛,可在贵宾站立之处铺设红色地毯,在场地四周悬挂大型横幅、彩灯、彩带、气球,张贴宣传标语,并在醒目之处摆放来宾赠送的花篮、牌匾等。对于音响、照明设备、录音、录像以及剪刀、托盘等剪彩仪式所需用具,必须事先认真进行检查。在庆典举行前后,可播放一些喜庆、欢快的乐曲,增加欢乐的气氛。其他关于交通、停车位,也应事先进行安排和部署,以防临阵出现差错。

(4) 接待服务

在举行开业典礼的现场,要有专人负责来宾的接待服务工作,主要包括来宾的签到、迎送、引导、陪同和接待。在接待贵宾时,需由本公司主要负责人亲自出面,在接待其他来宾时,则可由公司的礼仪人员负责。接待人员须以主人翁的身份热情待客,有求必应,除主动提供饮料、点心及各方面的照顾之外,还须根据需要为来宾准备好专用的停车场、休息室等,尽量使来宾感受到主人的真情厚意,使每位来宾都能心情舒畅。

(5) 礼品馈赠

礼品是常见的人际交往的媒介,开业典礼时馈赠来宾的礼品,除了表达情感和尊重之外,还应有纪念和宣传意义,二者最好合而为一。一般可选用本公司的产品,在礼品及包装上印上本公司的标识、广告语、产品图案等,使其具有一定的宣传作用和纪念意义。赠送的礼品要包装,包装要郑重其事,不可随意潦草。

2. 开业典礼的程序

开业庆典大致包括下述几项程序:
(1) 宣布庆典正式开始,介绍来宾。
(2) 本组织主要负责人致辞。其内容是,对来宾表示感谢,介绍此次庆典的缘由等。
(3) 宣读贺信、贺电。贺电、贺信的数量较多时,可不必一一宣读,但对其署名单位或个人应当公布。
(4) 邀请嘉宾讲话。
(5) 剪彩、揭牌等仪式。事先确定剪彩人或揭牌人,己方为本单位领导,客方为社会地位较高的知名人士。
(6) 馈赠礼品。
(7) 组织来宾参观本组织的设施、陈列等,增加宣传的机会。
(8) 安排座谈或宴会,邀请来宾题词留念。

在以上几项程序中,后两项可以酌情省去。

任务 3　新闻发布会

7.3.1　任务描述

国家质检总局近日公布了对 200 种液体乳产品质量的抽查结果,抽查发现真禾乳业集团××××年×月×日(批次号××)生产的纯牛奶中检测出含有致癌物质,×月×日(批次号××)生产的奶制品中黄曲霉毒素 M1 超标。对此,真禾集团紧急召开办公会议,商讨对策,最终决定及时召开新闻发布会,以郑重、诚恳的态度面对检测结果,回应公众质疑,宣布企业下一步行动计划,尽力消除此次事件造成的信任危机。

7.3.2　任务实施

1. 实训目的

通过训练,使学生了解新闻发布会在企业发展中的作用,掌握新闻发布会准备工作的要领,熟悉新闻发布会的基本程序,掌握各环节技巧,必要时能采取临场补救措施。

2. 实训要求

(1) 学生以每 10 人为一组,讨论并做好新闻发布会的前期准备工作,包括确定主题;确定邀请对象;选择主持人和发言人;布置现场;准备新闻通稿、发言稿、事件背景资料介绍、答记者问的备忘录、公司宣传材料等。

(2) 按照任务内容,设计情节和台词,分角色模拟完成整个新闻发布会过程,包括签到、分发资料、发言人讲话、答记者提问、接受重点采访。

3. 实训流程

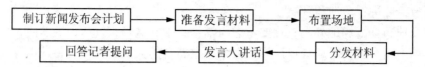

7.3.3 任务分析

新闻发布会又称记者招待会、信息发布会，是一个社会组织直接向新闻界发布有关组织信息或解释组织重大事件而举办的专题活动。新闻发布会对于树立或维护组织形象，协调公共关系，引导舆论倾向具有非常积极的作用，因而一般形式正规、严肃隆重。

举行新闻发布会通常要做好以下几个方面的工作。

（1）确定主题

主题应有较大的新闻价值，否则有可能出现无记者到场的尴尬局面。主题应集中、单一，内容要简明扼要，不能同时发布几个不相关的信息。主题确定以后，拟定发布会的标题说明发布会的主旨内容，并制作成会标或背景板。

（2）确定时间、地点

时间选择要恰当，选择适合记者的时间，要注意两点：

一是尽量避开节假日或重要的政治事件、社会事件的时间。因为对媒体而言，节日或重大活动比新闻发布会更重要，媒体对这些事件的大篇幅报道任务，会冲淡企业新闻发布会的传播效果。

二是由于多数媒体刊出或播出新闻的时间是在获得信息的第二天，因此一般要把发布会的时间安排在上午10：00或下午15：00，会议时间以60分钟左右为佳，这样可以相对保证发布会的传播效果。

地点可以选择户外（如事件发生的现场），也可以选择在室内（公司或酒店）。室内发布会要根据会议规模选择大小合适的场地，同时要考虑交通便利与易于泊车等因素。

（3）确定邀请对象

邀请对象包括领导、客户、同行和媒体记者。在媒体的邀请上，企业一般应该邀请与自己联系比较紧密、关系较为良好的商业领域记者参加，与组织有密切联系的新闻机构和记者也不能遗漏。邀请名单确定以后，普通来宾可以采取直接电话邀请的方式，重要人物或内容比较严肃、庄重的发布会可以采取书面邀请函的方式。邀请的时间一般以提前5～7天为宜，发布会前一天可作适当的提醒，确保重要人物不会缺席。

（4）会前准备

一是资料准备。提供给媒体的资料，一般以广告手提袋或文件袋的形式整理妥当，在新闻发布会前发放给新闻媒体，其中应包括会议议程、新闻通稿、发言稿、发言人背景资料介绍、公司宣传册、产品说明资料（必要时）、有关图片、礼品、企业新闻负责人名片、空白信笺和笔。

二是人员准备。首先是选定主持人和发言人。主持人一般由公关部负责人担任，其作用是主持会议、引导提问，主持人一定要具有灵活应变的能力，与发言人一起各尽其职、默契配合，共同完成会议。发言人是新闻发布会的主角，代表着公司形象，对公众认知会产生重大影响。因此发言人一般是由公司的主要领导人担任。发言人应具备良好的外形、表达能力和现场调控能力,可以充分控制和调动发布会现场的气氛。其次是选定礼仪人员和接待人员,并进行培训和预演。

三是场地布置。场地外围布置要考虑横幅、彩带、盆景、气球、拱形门、导引指示欢迎牌等,场地内布置要考虑会议厅容纳人数、主席台的大小、投影设备、电源、布景、麦克风等问题。

主题背景板内容应包含会议主题、会议日期,有的会写上召开城市,颜色、字体注意美观大方。

席位安排方面,发布会一般是主席台加课桌式摆放。主席台人员需摆放台签,以方便记者记录发言人姓名。一些非正式、讨论性质的发布会是圆桌式或回字形会议桌式,发言人两侧及对面摆放新闻记者坐席,便于记者沟通和拍照。安排席位时应注意预留,一般可在会场后面准备一些预备坐席。

会场最主要的道具是麦克风和音响设备。一些需要做电脑展示的内容还包括笔记本电脑、投影仪、投影幕布等,相关设备在发布会前要反复调试,保证不出故障。

四是做好经费预算,留有余地。

(5) 召开会议

新闻发布会的一般程序是:

① 迎宾签到,分发资料;

② 主持人宣布会议开始,介绍发言人、来宾和新闻单位;

③ 发言人发布新闻、介绍详细情况;

④ 记者提问,发言人逐一回答;

⑤ 接受重点采访(必要时);

⑥ 主持人宣布结束;

⑦ 参观或其他安排。

在发布会上,发言人发言完毕以后是答记者问的环节,双方开展充分的沟通,增强记者对整个事件的理解以及对背景资料的掌握。在答记者问时,一般由一位主答人负责回答,必要时可由他人辅助回答。因此发布会前主办方要准备记者答问备忘提纲,并事先取得一致意见,尤其是主答和辅助答问者要取得共识。

公司在处理敏感话题或者危机事件的背景之下举办的发布会需要特别注意以下问题:

一是防范可能出现的敏感问题和不利报道。发布会上可能会出现一些敏感的甚至对企业不利的问题,企业人员需要事先从多角度地考虑到这些问题,并尽可能从正、反各方面去思考和准备好合理的答案,使发言人回答时胸有成竹,避免因沟通不畅的原因使事后出现负面报道的情况。

二是防范恶意误读和报道。要挽回影响并争取舆论界的支持,坦诚面对和开放沟通是首要态度。但媒体界也存在着职业道德良莠不齐的现象,需防范有些记者出于某种动机或者商业竞争的目的恶意误读和报道此次事件。因此需要做好邀请记者的筛选工作及发布会现场的保卫工作。比如不邀请同企业关系不良的记者和只关注反面报道的记者,谢绝不请自来或身份不明的陌生记者等。

三是尽可能邀请第三方权威机构现身说法。对于危机处理的发布会,如果能邀请到第三方权威机构(如检测机构、行业协会等),请他们现场出示宣读相关的检测、认证等证明材料，则无疑具有极大的效果。第三方客观、公正、权威的非当事人身份，能为公众提供更加强有力的声音，增加外界对企业的信心。

（6）后期跟进

发布会之后要注意全面收集与会记者的会后报道，将其归类分析，检查有无漏发信息；对客观、公正发稿的记者，致电表示感谢，加强友谊和联系，作为今后邀请的参考依据；了解记者对发布会的接待、服务工作的意见和建议，做好总结，为日后改进后勤工作提供借鉴。

任务 4 企业开放参观活动

7.4.1 任务描述

九州照明电器有限公司近年来致力于新品灯具的开发，大胆采用新技术、新材料、新工艺，生产经营上取得了显著成绩。为了提高企业的知名度和美誉度，公司董事会研究决定由行政经理负责推出一次对外开放参观活动，向广大市民、媒体记者、照明电器行业经销商、知名星级酒店、装饰公司等各界来宾展示企业风采。

7.4.2 任务实施

1. 实训目的

通过训练，使学生了解企业开放参观活动的基本操作流程与各环节要领，能根据主题需要及企业阶段性目的有针对性地做好策划、布展、接待及宣传工作。

2. 实训要求

学生以每 10 人为一组，完成以下工作任务：

（1）拟订活动方案。
（2）印制宣传册，制作多媒体视听资料。
（3）邀请来宾。
（4）准备展品模型。
（5）准备礼品。
（6）布置展厅。
（7）分角色完成整个过程。

3. 实训流程

7.4.3 任务分析

开放参观是指企业为了让公众更好地了解自己或消除对本组织的某些误解，邀请有关公众来到企业，对企业的生产和工作进行参观和了解的活动。参观的项目一般包括产品展览室或厂史陈列馆，生产设备和工艺流程，厂区环境，员工的教育与培训设施，企业的服务、娱乐、福利、卫生等设施。组织对外开放参观是一项宣传企业、扩大知名度的公关活动，需要做好具体、细致的准备。

（1）明确开放参观活动的目的

任何一次开放参观活动都有明确的主题，提高企业的知名度和美誉度、促进业务拓展、增强员工和家属的自豪感等都是常见的主题。策划人员要明确主题，整个开放参观活动都要围绕所确定的主题进行策划和组织。

（2）选择开放参观的时间

开放参观活动应选择气温适宜的春、秋季节，不宜选择雨天、酷暑或寒冬。最好安排在一些特殊的日子，如周年纪念日、重大的节假日、开业庆典等。要预留足够的时间作准备，规模较大的开放参观活动需要编印纪念册、制作影视材料、安排食宿招待或其他特别节目，需要两三个月甚至更长的准备时间，这就需要注意时间安排的合理性。

（3）准备宣传材料

事先准备好简明生动、印刷精良的宣传小册子发给参观者，或放映图片、照片、视频等进行介绍。

（4）规划参观线路

提前规划好参观线路，引导公众按照既定路线参观，防止参观者越过限定范围而使某些秘密技术或制造过程的细节外泄。此外，参观线路的确定还要考虑参观者的兴趣和安全，并尽量减少对企业正常工作的干扰。

（5）做好解说及接待准备

挑选并培训解说人员，事先写好解说词；提前制作并寄发请柬；准备好休息室和必要的盥洗设备，备足茶水茶点，供参观者中途休息；准备好充足的刻印有企业标识的礼品或纪念品。

开放参观活动开始以后，企业人员应热情周到地做好服务工作，其一般程序是：

① 来宾到达前，本次活动的负责人在大门口迎候参观者，来宾到达后迎接人员热情引导接待；

② 来宾签到，及时发放宣传资料与纪念品；

③ 放映视频资料介绍公司历程；

④ 引导参观的过程中为来宾做向导，耐心解答来宾提出的各种问题；

⑤ 做好茶歇服务，提供必要的生活设施，尽量满足来宾的各种需要；

⑥ 欢送来宾。

项目 8 常用办公设备操作训练

> 随着科学技术的提高,现代化办公设备的种类和技术也在与时俱进。秘书常用的办公设备主要包括计算机和各种专用设备,如打印机、传真机、复印机、扫描仪、一体机、速录机、数码影像设备、投影仪等。使用好现代办公设备是实现办公自动化、提高办公效率的有效途径。

任务1 装订机

装订机是用来装订资料的一种现代办公设备,它体积小、操作简单,不仅装订速度快、效率高,而且也使装订的资料更加整齐美观。现在市场上装订机的种类有热熔式装订机、梳式胶圈装订机、铁圈装订机、维乐装订机等。

8.1.1 装订机的基本构造

不同类型的装订机,其基本构造也各有不同,这里介绍市场上比较热门的热熔式装订机和梳式胶圈装订机的基本结构。

1. 热熔式装订机

热熔式装订机采用热熔封套的装订方式,属于不可拆卸型,其热熔封套的书脊里侧一般涂有特制热熔胶,用装订机自动加热、控温、控时。该装订方式适用于1~120页办公文件的装订。图8-1所示为千页百汇T80热熔式装订机的基本结构。

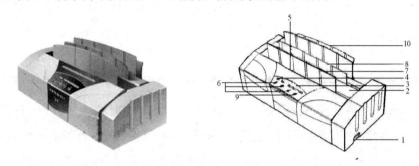

图8-1 千页百汇T80热熔式装订机的结构示意图

1—电源开关;2—装订槽;3—操作板;4—电源指示灯;5—操作时间指示灯;
6—装订厚度选择键组;7—加紧推动板;8—装订靠板;9—复位键;10—冷却挡板

2. 梳式胶圈装订机

梳式胶圈装订机采用打孔装订的方式,属于活页可拆卸型,增删页方便,可实现文本360°翻转,可多次重复装订使用,比较适用于小型办公室或一般会议文件的装订。胶圈直径的大小决定了文本装订厚度。图8-2所示为千页百汇S100梳式装订机的基本结构。

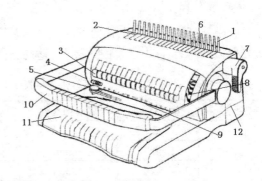

图 8-2 千页百汇 S100 梳式装订机的结构示意图

1—梳状板；2—拉环板；3—免打孔抽刀组；4—纸边距调节选钮；5—纸张定位钮；
6—纸屑盒；7—拉塑环手柄；8—测纸厚度标尺；9—进纸口；10—环绕式打孔手柄；
11—底座；12—外壳

8.1.2 装订机的使用

1. 热熔式装订机

热熔式装订机的使用步骤如下。

（1）接通电源使预热 30 秒左右。

（2）根据所需装订的文页张数选择厚度相适的热熔封套，选择参考如表 8-1 所示。

表 8-1 装订张数与封套厚度选择对应表

封套厚度	装订张数	封套厚度	装订张数	封套厚度	装订张数
1mm	8	10mm	95	24mm	235
2mm	15	12mm	115	27mm	265
3mm	25	15mm	145	30mm	295
4mm	35	18mm	175	33mm	325
6mm	55	20mm	195	36mm	355
8mm	75	22mm	215	40mm	400

（3）根据所需装订的厚度选择装订时间。

（4）将文件纸张上下左右墩齐，放入热熔封套中，并使端部靠在热胶条上；沿装订靠板将待装订文本放入装订槽，使其平压在发热板上，夹紧推动板使其自动夹紧文本，此时"insert"灯（黄）亮。

（5）随着加热的进行，"working"灯（绿）会逐一亮起。在第 5 只"working"灯亮时，装订文本会自动产生震动，以帮助胶与文页的强力粘接。

（6）5 只"working"灯同时闪烁时，加热结束，文本震动停止；将装订文本取出，插入机背的冷却槽中，插入时须使封脊平靠在冷却槽上。

（7）冷却风自动送出，约 3 分钟后胶条冷却凝固，装订完成。

2. 梳式胶圈装订机

梳式胶圈装订机的使用步骤如下。

（1）根据所需装订的文页张数选择合适的胶圈规格，选择参考如表8-2所示。

表 8-2　装订张数与胶卷内直径选择对应表

胶卷内直径	装订张数	胶卷内直径	装订张数	胶卷内直径	装订张数
6mm	20	14mm	100	28mm	240
8mm	40	16mm	115	32mm	280
10mm	55	18mm	135	38mm	340
11mm	65	20mm	160	45mm	400
12mm	75	25mm	180	50mm	450

（2）将文件纸张上下左右墩齐，然后平整地放入进纸口，根据刻度调整切纸幅面，压下手柄，切纸完成（如图8-3所示）。

（3）通过孔边距调整钮确定所需的孔边距。

（4）通过纸张定位钮确定打孔位置，在不需要打孔的位置，将相应的免打孔抽刀杆抽出。

（5）按顺序将文页依次打孔（每次不超过25张），打孔时双手握住手柄向下用力。

（6）使用拉胶环机构将胶圈拉开后放在梳状齿条上，压下手柄至合适位置，锁紧（如图8-4所示）。

图 8-3　切纸示意图

图 8-4　安放胶圈示意图

（7）将已打好孔的文页纸按顺序穿入胶圈（如图8-5所示）。

（8）压下手柄，将拉环机构复位，解除胶圈锁定，文件即装订成本（如图8-6所示）。

图 8-5　文稿穿入胶圈示意图

图 8-6　解除胶圈锁定示意图

8.1.3 装订机的保养和故障排除

1. 保养

(1) 装订机要摆放在平稳的桌面上,要尽量避开阳光直射、潮湿、灰尘多的环境;用完后应及时关闭电源;遇有闪电、雷雨时,应暂停使用并拔掉电源插头。

(2) 热熔式装订机的装订张数不要超过热胶封套的容量,梳式装订机每次在打孔时切忌超过该机型所允许的最大打孔页数。

(3) 装订机加热槽中禁止放入其他异物,发热板禁止用于对其他物体加热。

(4) 对于可调打孔边位的装订机,应注意边位距离与胶圈直径相匹配,根据装订页数选择胶圈规格;不要把胶环拉得太长或太频繁。

(5) 注意切纸时有否订书针、回形针在上面,如有,应去掉后再进行切纸。

(6) 禁止对金属、玻璃等硬质材料打孔,以免损坏刀具。

(7) 要经常清理纸屑盒。

2. 常见故障排除

热熔式装订机的常见故障排除如表 8-3 所示。

表 8-3 热熔式装订机的常见故障排除

故障现象	主要原因	解决方法
不能挂住胶圈	机器的阻尼螺丝松动	打开机器,拧紧阻尼螺丝
电源灯不亮	机器自身的开关没有打开	打开电源开关
	机器本身的电源线损坏	更换电源线
	电源灯损坏	更换电源灯
	机器的保险丝已断	更换正确的保险丝
夹紧推板不能自动夹紧	装订槽中掉入异物	关闭电源,将异物取出
电源灯亮,机器不工作	电源电压工作不稳定	更换电源
	电路板故障	送指定的维修部门检测
	加热条损坏	更换同型号的加热条
封套一插入,黄灯立即亮而且蜂鸣响	透明夹脱落	重新安装透明夹
	红外线接收管的位置有移动	放正位置
装订后有掉页、散页现象	文页数量超过了封套的最大容量	减少装订页数
	加热完毕立即翻动文本	待胶条冷却凝固后再翻动

梳式胶圈装订机的常见故障排除如表 8-4 所示。

表 8-4 梳式胶圈装订机的常见故障排除

故障现象	主要原因	解决方法
不能打孔	纸屑盒装满碎纸	清理纸屑盒
刀把压不下去	刀具错位	打开机器,把刀具复位或送指定维修部门维修
刀具压下不能弹起	拉力弹簧无力或损坏	更换同型号的拉力弹簧

续表

故障现象	主要原因	解决方法
打孔后取不出纸	压刀板没有完全拉起刀片	重新将手柄压下再迅速抬起,使压刀板在弹簧拉力和惯性作用下将刀片全部拉起
不能调节打孔边距	调节螺丝损坏或者挡板卡死	更换调节螺丝或者检查挡板,清理异物

任务 2　碎纸机

碎纸机是一种用来销毁文件资料的辅助公共设备,它是由旋转电机、刀具、纸梳和箱体组成的。纸张从相互咬合的刀刃中间送入,被快速粉碎成条状或米粒状,以达到销毁和保密的目的。

8.2.1　碎纸机的基本构造

如图 8-7 所示,碎纸机的主要组成部件有机头(内有碎纸的刀具)、碎纸筒、电源开关、工作指示灯、手动退纸键和进纸口。

图 8-7　碎纸机的外形结构

1—进纸口;2—工作指示灯;3—操作切换开关;4—碎纸筒;5—电源线

8.2.2　碎纸机的使用

(1)插上电源插座,打开电源开关,指示灯亮,机器即处于待工作状态。
(2)根据需要选择"条状"或"沫状"碎纸方式。
(3)把废纸放入进纸口里,碎纸机就会把废纸自动吸入,并且进行粉碎。
(4)碎纸过程中可随时按下退纸键,碎纸机就会停止工作,将纸退出来。
(5)及时清理纸屑斗。

8.2.3　碎纸机的保养和故障排除

1. 保养

(1)放置碎纸机要尽量避开阳光直射、潮湿、灰尘多的环境,用完后应及时关闭电源。

(2) 粉碎文件前,要先去除文件上的订书钉、回形针等硬物,以免损坏刀具。
(3) 不要一次放纸过多,以免卡纸,正常碎纸量一般以低于最大碎纸量为宜。
(4) 为了保护刀口,碎纸机不能使用于硬纸壳、碎布料、塑料、硬金属等物体。
(5) 要及时清理纸屑斗,以免纸屑过满造成堵塞。
(6) 清洁机器外壳时,应切断电源,用干净软布蘸上中性洗涤剂轻擦。
(7) 为延长机器使用寿命,连续使用一段时间后(30 min),应暂停使用半小时左右,待马达温度降低后,再开始使用。

2. 常见故障排除

(1) 碎纸机不工作
① 电源未接好、未打开开关或保险丝被熔断,应检查电源、开关、保险丝等,保证通电正常。
② 纸屑斗没有放好,应摆正纸屑斗。
③ 卡纸,可按下"停止"键,再轻轻拉出被卡的纸张。
(2) 噪声太大
① 刀具或齿轮有损伤,应检查或更换相应部件。
② 碎纸沫太多,影响刀具正常工作,应清理纸屑斗。
③ 皮带松动,可调整皮带松紧。
④ 机器没有摆放平整,须将其放平。
(3) 停机
① 传感器脱落、松动、断裂或覆盖灰尘,应检查调整传感器。
② 电路板被烧坏,不支持感应,须检查修理电路板。
③ 有纸张缠绕在自动开关附近,可关闭电源,清理缠绕的纸张。
(4) 不进纸
① 传感器、电路板或电机工作不正常,应检查或修理相应部件。
② 齿轮或皮带有损坏,应检查或修理相应部件。

任务3 复印机

复印机是现代办公活动中使用范围最广泛的一种信息复制设备,它能够快速、准确、清晰地再现文件资料及图像原型,从而给办公、科研、生产带来极大的便利,目前主要有静电复印机和数码复印机两类。

8.3.1 复印机的外部构造

如图 8-8 所示,复印机的外部构造主要包括机盖、机身、操控面板和纸盒等。

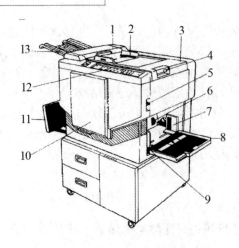

图 8-8 复印机的外形结构

1—稿盖；2—原稿导面板；3—稿台；4—稿台移动机；5—进纸；6—分离辊压力杆；7—进纸侧挡板；
8—放纸台；9—侧板调节旋钮；10—前门；11—接纸台；12—操作面板；13—原稿盘

8.3.2 复印机的使用

（1）机器预热

打开电源开关，机器进入预热状态，操作面板上有指示灯显示，并出现预热等待信号。当预热一段时间（一般为 1~1.5 min 左右）后，面板上的红色预热灯变为绿色复印灯或由原来闪烁发光变为长亮，表示预热结束，机器进入待印状态。

（2）放置原稿

① 放置原稿前，要仔细检查原稿上的字迹和图像清晰度，对于不清晰的字迹、线条，应在复印前描写清楚，以免复印后返工。

② 可以拆开的原稿最好是拆开复印以保证复印后不出现阴影。

③ 根据稿台玻璃刻度板的指示放好原稿，并轻轻放下盖板。

④ 复印时，应从原稿最后一页开始，这样复印出来的顺序才是正确的。

（3）设定复印倍率

复印机的复印倍率一般有两种方式：一种为固定缩放倍率，缩放只有固定的几档，如 A3~A4、B4~B5 等；另一种为无极缩放倍率，用百分比表示，可根据需要选择原稿尺寸与复印机尺寸的比例。如果无须放大、缩小，可不按任何键。

（4）选择复印纸尺寸

根据复印件尺寸要求，按下放大或缩小倍率纸盒选取键，选中纸盒。如果机内装有所需尺寸纸盒，即可在面板上显示出来；如无显示，则须先将纸张装入相应的纸盒内再进行上述操作。

（5）设定复印份数

按下数字键设定复印份数，若选错了份数可按"清除"键，然后重新设定。

（6）调节复印浓度

根据原稿纸张、字迹的色调深浅，适当调节复印浓度。复印图片时一般应将浓度调得浅一些，复印较淡的字迹、线条时，则应将浓度调得深些。有的复印机设有自控曝光装置，能自动根据原稿图像的浓度改变曝光量的大小,应优先采用自动曝光模式。

(7) 复印操作

按下"复印"键,开始复印。

8.3.3 添加墨粉

当复印机需要补充墨粉时,补粉指示灯会发光闪烁,这时就不能再进行复印。补充墨粉一般可按下面方法操作:

(1) 选择该复印机的专用墨粉。

(2) 按下机器前面左右两侧的"释放"按钮,打开墨粉填充门。

(3) 使用硬币或螺丝刀逆时针开启墨粉漏斗(1),然后朝自己方向拉开漏斗盖板(2),如图8-9所示。

(4) 使劲拍打墨粉瓶5次,再来回摇动20次,使墨粉疏松。

(5) 拧开墨粉瓶瓶盖,将墨粉瓶放入墨粉漏斗中(如图8-10所示)。

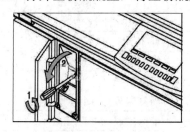
图8-9 开启墨粉漏斗

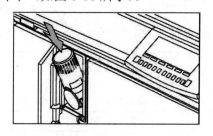
图8-10 倒入墨粉

(6) 轻轻拍打瓶底和侧面,确保墨粉已完全倒出。

(7) 小心取出墨粉瓶,重新盖上墨粉漏斗盖板。

(8) 用硬币或螺丝刀上紧盖子,关闭前门。

8.3.4 复印机的保养和故障排除

1. 日常保养

(1) 复印机应安放在宽敞、平坦的空间里使用,复印机与墙壁的间隔应不小于10 cm。放置复印机时要尽量避开阳光直射、灰尘多、通风不良、高温、潮湿的环境。

(2) 定期做好清洁维护工作,使用柔软的棉纱布清洁复印机外部,主要是盖稿板、曝光玻璃、输纸盒等;对机器的内部,如清洁器、定影器、感光鼓周围、输送纸装置等部件也要经常擦拭,使保持干净无尘。

(3) 严格选择和保管复印纸,注意保持工作间的温度和湿度,防止复印纸过分干燥和受潮,以防止或减少"卡纸""皱折"现象。

2. 定期保养

当复印机复印到一定的张数或使用到一定的时间以后,须对机器进行三级定期保养、清洗、更换相应部件。

一级定期保养一般由操作人员完成,复印份数达到3000张时,就要进行一级保养,主要内容包括清理废粉盒，清洁显影器底部、上下导纸板、分离辊、分离带、擦拭稿台玻璃等。

二级定期保养由维修人员与操作人员一起完成，通常在复印 1 万~2 万张后进行二级保养，即要对显影辊和定影器进行清洁。

三级定期保养由专业维修人员完成，通常在复印 5 万张后进行保养，除清洁扫描灯、反光板、玻璃等主要部件外，还要检查易损零部件（如清洁刮片、电极丝、搓纸轮）的工作状况，有损坏的须及时更换；复印 10 万张后，还应检查驱动部件工作状况，是否须清洁、加油或更换。

3. 常见故障排除

复印机的常见故障排除如表 8-5 所示。

表 8-5　复印机的常见故障排除

故障现象	主要原因	解决方法
复印机不按设定工作	复印机处于预热状态	等待几分钟
	墨粉用完	补充墨粉
复印机不按设定工作	纸已经用尽	增加复印纸
	卡纸	清除卡纸
	出现技术故障	将复印机复位或检修
扫描开始光源不亮	导线接触不良	检修导线，重新连接
	灯管两端接触不良	清洁两端接头
	灯管烧坏	更换灯管
按下"复印"键，机器不工作	"复印"键微动开关工作不正常	调整和更换按钮微动开关
	主电机故障	调换主电机
	控制线路中的继电器故障	检查、修复和更换继电器
复印件图像模糊	感光鼓表面被污染或过度磨损	清洁或更换感光鼓
	原稿没有紧贴稿台玻璃	正确放置原稿
	镜头、反光镜污染或者位置错动	清洁镜头和反光镜或者调整位置
复印件有深色斑点	原稿压板或者文件传输带脏	擦净原稿压板和文件传输带
	原稿太薄或者高度透明	将一张空白纸覆盖在原稿上
	原稿是双面稿	采用手动曝光模式，按动曝光变浅控制键，使曝光量变大
复印件颜色太淡	感光鼓表面充电电位过低	调整充电电位或调整充电电极丝与感光鼓的距离
	环境湿度过大或纸张受潮	降低环境湿度或更换纸张
	墨粉不足	更换墨粉
	转印电极丝太脏或距离纸张太远	清洁转印电极丝或调整转印电极丝与纸张的距离
复印件图像太深	自动曝光模式中曝光量设置较低或手动曝光量设置较深	采用手动曝光模式，按动曝光变浅控制键
	原稿玻璃整个表面脏	擦净稿台玻璃

	原稿没有紧贴稿台玻璃	正确放置原稿
	原稿压板很脏	擦净原稿压板
复印件边缘脏	等比复印时，所选纸尺寸规格比原稿大	选择与原稿相同规格的复印纸
	等比复印时，原稿放置位置或方向不正确	正确放置原稿，使其与宽度标尺对齐
	缩小复印时，所选倍率与复印纸尺寸不符	根据纸张规格选择缩放比率
复印件出现线条	充电组件脏	清洁充电组件
	感光鼓受到损伤	更换感光鼓
	墨粉堵塞定影器入口	擦拭定影器入口

任务4 传真机

传真机是现代通信的主要工具之一，它通过公用电话网或数据网，将静止的文稿、图片、图表及数据等信息作远距离的实时传送，使接收方获得与发送方原稿真迹相同的副本，具有传送速度快、接收副本质量好、通信费用低等优点，在现代化信息传递领域中占有极其重要的地位。

8.4.1 传真机的外部构造

如图8-11所示，传真机的外部构造主要包括电话机、自动输稿器、操作面板、原稿件出口和稿件托架等。

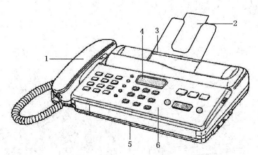

图8-11 传真机的外形结构

1—电话机；2—稿件托架；3—自动输稿器；4—显示屏；5—原稿件出口处；6—操作面板

8.4.2 传真机的安装

传真机背后通常有一个接口标有"LINE"（也有用L1、L2表示的），该接口用于与电话外线相连。有的传真机本身不带电话机，但其背后有一标有"TEL"的接口，在此可与电话机相连。传真机的连接线路如图8-12所示。

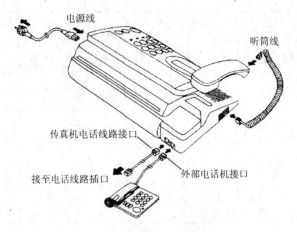

图 8-12　传真机的安装示意图

8.4.3　安装记录纸

记录纸有两种，传真纸（热敏纸）和普通纸（一般为复印纸），热敏纸有正反面的区别，安装时须依据机器的示意图进行；普通纸传真机容易出现卡纸故障，多数由于纸张质量引起，故一般推荐纸张重量为 80 g/m^2 的干燥纸张。记录纸的安装如图 8-13 所示。

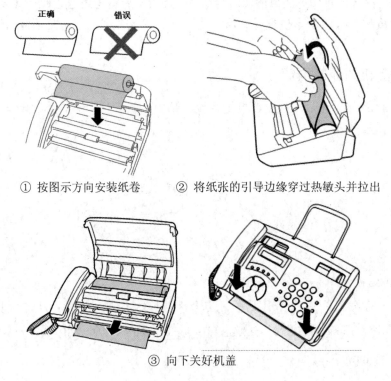

图 8-13　记录纸的安装

8.4.4 传真机的基本操作

1. 发送文件

（1）装入原稿。先将原稿纸整理平整、调整两侧导纸壁至稿件宽度，再将稿件正面向下放入；在发送多页文件时，应把先发送的文件放置在最下面。

（2）根据发送文件的图像深浅及对图像清晰度的要求，选择扫描清晰度和对比度。

（3）拨打电话。

（4）发送传真。在接通对方并听到传真信号后，按"启动"键（START），这时发送指示灯亮或液晶显示"TRANSMIT"，表示传真机开始发送文件。此时可以放下听筒。

（5）如果要中断或自动送出原稿，可随时按下"停止/取消"键进行切换。

2. 接收文件

接收传真一般有自动接收和手动接收两种方式。

（1）自动接收。当传真机处在自动接收状态时才能接收，无须操作人员在场即可完成传真过程。操作如下：将"自动/手动"键拨至自动接收；电话振铃一次（有些是2~3次）后，机器自动启动，液晶显示"RECEIVE"接收状态或接收指示灯亮，表示接收开始；接收结束时，机器自动输出传真副本，液晶显示的"RECEIVE"消失或接收指示灯熄灭。

（2）手动接收。操作步骤如下：当电话接入时，按照对方要求，按"启动"键（START）开始接收；收到传真副本后，挂上话机，传真完成；若接收出现差错或质量不好，可与发送方联络重发。

3. 复印文件

（1）将文件原稿文字面向下并放置在原稿台上。

（2）选择合适的清晰度和对比度以达到理想的复印效果。

（3）按下"复印"键（COPY）。

（4）复印结束后切断记录纸。

8.4.5 传真机的保养和故障排除

1. 保养

（1）放置传真机时要尽量避开阳光直射、热辐射、强磁场、潮湿、灰尘多的环境；为了安全，在遇有闪电、雷雨时，应暂停使用并拔掉电源及电话线，以免雷击造成传真机的损坏。

（2）严格按照传真机说明书进行操作，使用推荐的传真纸。由于热敏纸受热后容易变色、褪色，因此不要把记录纸放在日照下曝晒，并防止记录纸与酒精、汽油、氨等化学物品接触。

（3）不要频繁开关机，不可随意拆装调整传真机各可调、可动部分，更换元件时应保持与原件一致。

（4）定期使用柔软的干布清洁传真机外部，清洁内部时，须将舱盖打开，使用纱布蘸取乙醇擦拭打印头、滚筒、扫描部件等部分。传真机一旦发生故障，不宜自己修理，应由专业维修人员处理。

2. 常见故障排除

（1）传真机不工作

① 电话线路的连接或线路本身不正常，应检查插头、电话线是否已经接好。

② 传真机的电路部分损坏，可咨询传真机的专业维修部门，请专业维修人员进行修理。

（2）卡纸

① 记录纸卡纸：记录纸没有装好，应按照说明书将纸舱盖板打开，把记录纸滚轴抬起，然后将卡住的记录纸取出。

② 发送的原稿卡住：按照说明书的要求打开上盖，提起原稿释放杆，按下释放按钮，取出卡纸，但要注意不能硬性拉出，以免造成机器的损坏。

（3）电话正常使用，但不能发送稿件

① 电话线连接错误，应将其插入传真机上标示为"LINE"的插孔。

② 对方的传真机占线或记录纸已用完，可等待片刻或添加记录纸。

③ 操作错误，如稿件放置不对、发送顺序不对，可重新放置稿件或者按正确的发送顺序操作。

（4）接收的副本文件不清晰

向发送方确认原文件是否清晰，然后对自己的机器进行热敏头的测试（机器说明书中有热敏头的测试方法），检查机器的热敏头是否损坏，如果损坏应更换。

（5）复印有黑横线

扫描器镜片不良，可更换扫描器。

（6）原稿不能自动进纸

分页器、ADF不良，可更换分页器、ADF。

（7）不能自动接收文件

可先检查自动接收指示灯是否亮，如果没亮，则检查电话筒是否挂断；然后检查传真机是否设置在自动接收方式。

（8）不能手动接收文件

首先检查开关状态设置是否正确，然后检查是否按正确的操作规程接收文件。

（9）塞纸后切纸刀不能自动复位

切纸刀卡住，可拔掉电源后再插上电源。

（10）复印有竖白条

扫描器有污物，应清洁白色滚轴、扫描器镜片。

（11）传真或打印时，纸张为全白

① 热敏纸正反面安装错误，可将热敏纸正反面放置正确，再重新操作。

② 若传真机为喷墨式传真机，则有可能是喷墨头堵住了，可清洁喷墨头或者更换墨盒。

（12）功能键无效

先检查电源是否接通，然后检查按键是否被锁住，可重新开机让传真机再一次进行复位检测。如果还不能解决，则请专业维修人员进行检查。

任务5 扫描仪

扫描仪是一种高精度的光电一体化的输入设备，它可以将图文转换成可由计算机显示、编辑、储存和输出的数字数据。如图8-14所示，常见的扫描仪有平板式、手持式和滚筒式3种，其中，平板式扫描仪是目前办公用扫描仪的主流产品，具有扫描速度快、质量好、占地面积小的优点。

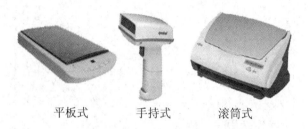

平板式　　手持式　　滚筒式

图 8-14　平板式、手持式和滚筒式扫描仪

8.5.1 扫描仪的使用

1. 扫描图像

（1）放置原稿。须正面朝下，居中放置，贴紧玻璃板。

（2）双击启动扫描软件。

（3）设置参数。正确设置输出扫描图像的控制参数，包含整个系统软件的图像增强工具，以及类型、分辨率等各项参数（如图8-15所示）。

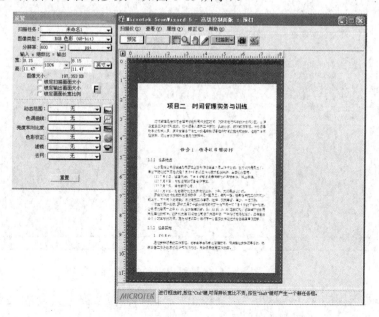

图 8-15　ScanWizard 5 扫描软件窗口

（4）扫描预览。单击"预扫"按钮，观察预扫描后的结果。

（5）选出扫描范围。选中"扫描范围"工具，拖动鼠标在预视图中拉出一个范围框，其中的内容即为选择扫描的图像。

（6）开始扫描。单击"扫描到"按钮，选择图像存储的位置，输入图像名称，选择存储类型，单击"保存"按钮（如图8-16所示）。

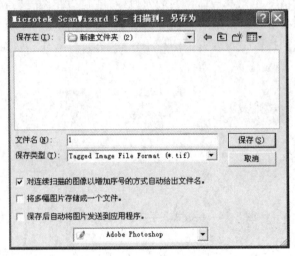

图 8-16　扫描图像存储

2. 文字识别 OCR

（1）打开尚书六号软件窗口，进入文字识别系统（如图 8-17 所示）。

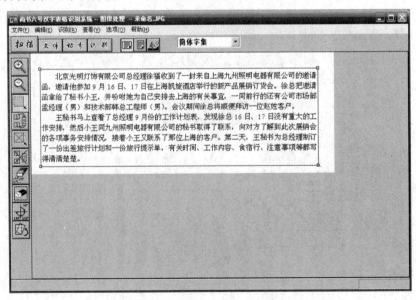

图 8-17　选择要识别的文字

（2）选择要识别的文字，单击"倾斜校正"按钮，此时会弹出一个"倾斜校正"窗口，并自动显示需要校正的角度，单击"是"按钮即可。

(3) 单击"识别"按钮，软件会自动识别图片里面的文字，识别完成后自动切换到文稿校对窗口（如图 8-18 所示）。如果有识别不正确的字，可以在候选字中选择一个正确的字替换识别错误的字。

(4) 保存文件。

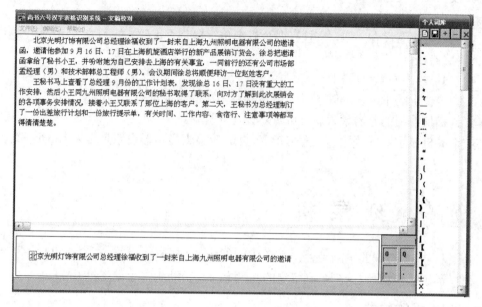

图 8-18 文稿校对

8.5.2 扫描仪的保养和故障排除

1. 保养

（1）扫描仪属于敏感的光电设备，过冷、过热、潮湿、污染等外界环境都可能影响器件的工作精度，因此，一般要求温度控制在 0～40℃，尽量不要将扫描仪放在阳光直射、热辐射、潮湿、灰尘多的环境里，务必保持扫描仪玻璃的干净和不受损害。

（2）扫描仪应避免震动、碰撞或者倾斜，移动时应小心平稳，如需要长距离搬运，要把扫描仪背面的安全锁锁上，以免改变光学配件的位置。

（3）定期使用柔软的细布对扫描的机身、镜头组件、机械部件进行清洁和维护；机器用完以后，一定要用防尘罩把扫描仪遮盖起来。

（4）不明故障时，不要擅自拆修扫描仪，要送到指定的维修站去。

2. 常见故障排除

（1）扫描仪不工作

① 扫描仪的电源未接通或者与计算机未连接好，应检查电源、各类插头是否已经接好。

② 扫描仪软件和驱动安装不正确，可重新安装软件。

（2）扫描仪打开后会发出摩擦声

① 扫描仪上锁，应把扫描仪锁打开，使其处于开启位置。

② 传动齿轮或皮带两端的轴承上不够润滑，可拆开机盖，适当加润滑油。

（3）扫描时出现死机

① 内存资源不足，应检查运行的程序是不是太多，关闭其他程序释放内存。

② 接口线路接触不良，应检查线路的接口，把电源、USB 线接好或者更换一个 USB 接口。

③ 进纸传感器没有感应，应检查两个进纸传感器是否正常，能不能活动自由，人工干预一下传感器。

（4）扫描的画面颜色模糊

① 扫描仪上的平板玻璃脏了，可将玻璃用干净的布或纸擦干净。

② 扫描仪使用的分辨率太低，可重新设置分辨率。

③ 计算机显示器屏幕色彩设置分辨率过低，应检查显示器设置是否为 16bit 色或以上。

任务 6　刻录机

刻录机是一个特殊的电脑硬件，它不仅可以播放光盘上的文件，而且可以把视频文件、音频文件等其他计算机数据刻录到特定的光盘上面，帮助用户存储资料。

8.6.1　刻录机的种类

目前市场上的刻录机主要有 4 种。

1. CD-R（CD-Recordable）

该刻录机可以刻录 CD，读取 CD，但是却无法读取或写入 DVD，并且其刻写技术是一次性的，即可以单次写入，多次读取。

2. CD-RW（CD-ReWritable）

这又称重复擦写刻录机，它是指可以对 CD 进行重复写入的技术。

3. DVD-RAM（DVD-Random Access Memory）

该驱动器具有刻录速度快、存储操作简单的特点，DVD-RAM 盘的大容量存储和高复写性，对需要存储大量的数据和视频文件都非常实用，目前单面单层 DVD 容量已达到 4.7 GB。

4. COMBO

COMBO 又称全能光驱或者康宝，该驱动器的最大特点就是高度集成化，能实现不同功能之间的自动转换，能自动进入 CD-ROM 或 DVD 播放状态，调用相应的软件方便地刻录，使用起来更加简便。

8.6.2　刻录机的使用（以 Nero6 为例）

在"开始"→"程序"→"Nero 程序项"中找到 Nero StartSmart 的快捷方式。运行

Nero StartSmart,会看到如图 8-19 所示的界面。

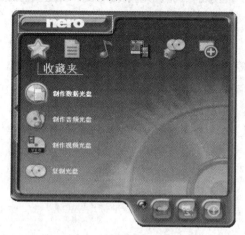

图 8-19　Nero StartSmart 界面

Nero StartSmart 是所有音频、视频、备份、刻录任务的中心起始点。它可以通过刻录机完成"制作数据光盘""制作音频光盘""复制光盘""制作视频光盘"等功能。这里介绍一下如何制作数据光盘。

(1) 单击"制作数据光盘"之后,出现了 Nero Express 的制作数据光盘的界面(如图 8-20 所示)。

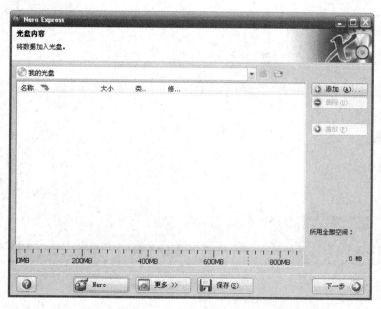

图 8-20　Nero Express 制作数据光盘的界面

(2) 单击"添加"按钮,打开"选择文件和文件夹"对话框,注意所添加的总内容大小不要超过光盘容量(如图 8-21 所示)。

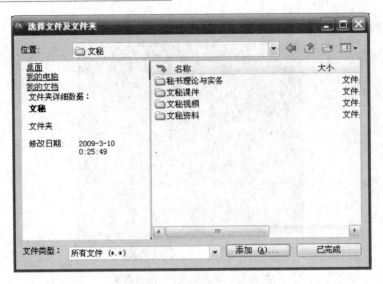

图 8-21　选择文件和文件夹

（3）选择所要刻录的文件和文件夹，单击"添加"按钮，将数据加入到光盘界面中，其中列出了将要写入光盘的数据的名称和大小以及文件的格式（如图 8-22 所示）。

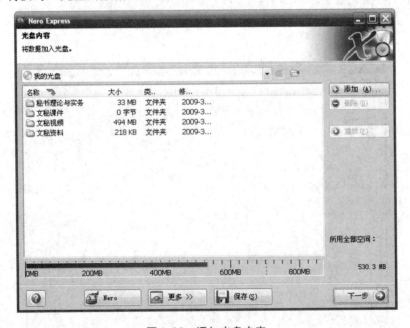

图 8-22　添加光盘内容

（4）单击"下一步"按钮，在"当前刻录机"下拉列表中，选择所需要的刻录机，在"光盘名称"文本框中输入光盘的名称，如"文秘资料"，在"写入速度"下拉列表中选择具体的写入速度，如"8x"，单击"刻录"按钮（如图 8-23 所示）。

项目 8　常用办公设备操作训练

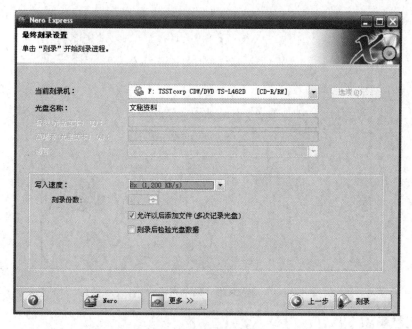

图 8-23　刻录设置

（5）此时显示刻录进程（如图 8-24 所示），刻录完毕后，单击"下一步"按钮。

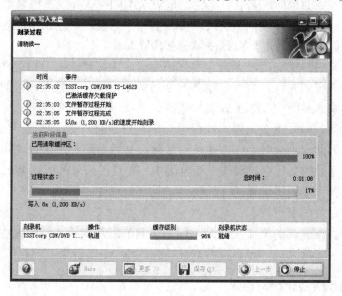

图 8-24　刻录过程

（6）最后，弹出提示对话框（如图 8-25 所示）。单击"确定"按钮之后，等待刻录机自动弹出光盘，整个过程刻录完毕。

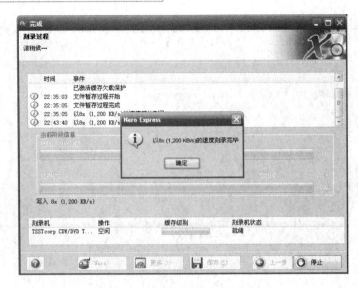

图 8-25　刻录完毕

8.6.3　注意事项

（1）开始刻录前，关闭所有运行的程序。使用刻录光驱来刻写光盘消耗的系统资源很大，此时再运行其他的程序，就有可能会造成刻录不顺畅或导致系统繁忙，甚至死机。

（2）刻录前最好先进行预刻测试，以便检测一下系统，一旦出现问题，可以及时采取调整措施，并降低刻录的速度，直到故障全部排除为止。

（3）开始刻录时尽量先用慢速。速度太快会造成读写数据的不稳定性，容易导致数据发生中断，甚至会损坏光盘。另外，较高的刻录速度可能会在数据传输的过程中产生较大的噪音，从而影响最终的光盘刻录效果和性能。

（4）注意散热。刻录机在工作的过程中会产生相当的热量，散热不良是导致刻坏盘的一个重要原因，因此，刻录时最好打开机箱散热，并尽量避免连续长时间的刻录。

（5）把需要刻录的文件存放到同一个分区中，并且将该分区运行 Windows 下的磁盘碎片整理程序，这样可以提供快速的文件访问，提高刻录性能。

（6）使用质量好的空盘片。

（7）尽可能在配置高的机器上刻录。如果电脑的配置太低，刻录过程中大量的数据会使机器不堪负荷。一般来说，计算机的 CPU 应在 200 MHz 以上，内存应在 64 MB 以上。

8.6.4　刻录机的常见故障排除

（1）安装刻录机后无法启动电脑

原因可能是刻录机与主板的数据线没有正确地连接上。此时首先应切断计算机供电电源，打开机箱外壳检查 IDE 是否完全插入，并且要保证数据线正确连接，然后检查刻录机与其他 IDE 设备是否共用一条数据线，须确保两个装置不能同时为"MA"（Master，主盘）或"SL"（Slave，从盘）设定，应将其中一个设置为"MA"，另一个设置为"SL"。

（2）刻录光盘过程中，有时会出现"BufferUnderrun"的错误提示信息

"BufferUnderrun"的意思为缓冲区欠载，即刻录机缓存数据被用完，刻录机无法正常

写入数据，进而造成盘片报废。解决的办法就是在刻录之前关闭其他的应用程序。

（3）刻录软件找不到光盘刻录机

① 刻录软件版本太旧，刻录软件不能跟上硬件的更新速度，所以应及时将刻录软件更新到最新版本。

② 刻录机没有被正确识别或刻录软件不支持该刻录机，此时可将刻录软件卸载并重新安装一次。

（4）使用模拟刻录成功，实际刻录却失败

① 刻录机与空白盘片之间的兼容性不是很好或是光盘自身存在质量问题，此时应降低刻录机的写入速度或更换另一空白光盘进行刻录操作。

② 刻录机激光读写头功率衰减，此时应找专业人员进行维修。

项目 9 秘书应聘与面试训练

> 在市场经济逐步发展的今天,人们对秘书人员的要求日益提高。对于初次找工作的毕业生来说,如何与企业的招聘人员沟通,如何面对用人单位的选择,如何让自己在众多的求职者中脱颖而出,这些都是至关重要的问题。每一位文秘专业的学生都务必熟悉秘书招聘的流程,努力掌握面试的技巧,提高自我形象设计能力,为未来走上秘书岗位并成为出色的秘书工作人员做好准备。

项目 9　秘书应聘与面试训练

📖 **任务描述**

上海雷纳森厨卫电器有限公司是一家集生产、销售、开发于一体的现代化企业,主要产品有抽油烟机、燃气灶具、消毒柜、换气扇、电热水器、多功能浴霸、太阳能等家用厨卫电器。目前,公司业务正处于新的发展时期,需要从社会上招聘一批新员工,其中包括招聘一名市场部经理秘书。招聘启事如下。

上海雷纳森厨卫电器有限公司招聘启事

一、招聘岗位：市场部经理秘书
二、岗位要求：
1. 大专及以上学历,28 周岁以下,相貌端庄,形象姣好,谈吐得体;
2. 善于沟通协调,责任心强,待人热情,敬业乐观,吃苦耐劳;
3. 有扎实的文字功底,良好的语言表达能力,能熟练使用办公软件;
4. 具有良好的独立工作能力,可以独立开展市场信息收集、目标客户拜访;
5. 能够适应经常加班或出差,工作主动性强;
6. 文秘专业、市场营销专业优先,具有相关工作经验者优先。
三、待遇：
1. 试用期 7 天
2. 正式工资面议
3. 不包食宿

有意者请致电 021-87654321 或把简历发至 recruit@leinasen.com.cn,合适者考虑一周内安排面试。

📖 **任务实施**

1. 实训目的

通过训练,使学生掌握秘书工作知识及应具备的技能,了解秘书就业市场的现状,熟悉企业招聘秘书的程序和要求,熟悉秘书的应聘、面试的方法与技巧,能够根据市场需求,进行自我形象设计和口才训练,提升自身礼仪素质和涵养,塑造个人的良好职业形象。

2. 实训要求

学生以每 4 人为一组,利用综合实训室的场地和设备,完成以下任务：
（1）讨论招聘和应聘工作的基本程序和各项细节。
（2）讨论分析招聘单位的岗位要求,每个成员都准备一份自荐信和简历表,要求充分展示自己能够胜任所应聘岗位的优势,表达自己对该岗位工作的热情和向往,语言流畅,富有逻辑性。
（3）轮换演示上述案例中的应聘面试过程,其中 2 人扮演应聘人员,2 人扮演雷纳森公司招聘小组成员。
（4）模拟演示完成后,每组讨论本组实训过程中表现得好与不足的地方,最后确定小组中心发言人在全班总结发言。

3. 实训流程

任务分析

1. 简历和求职信

简历对求职者来说其重要性是不言而喻的，一份好的简历，可以在众多求职简历中脱颖而出，给招聘人员留下深刻的印象，从而获得面试的机会。

简历没有固定格式，许多求职者喜欢按照招聘网站的简历模板填写简历，殊不知这些模板往往是千篇一律，栏目设置太平均，重点不突出，招聘人员每天看着几百上千份同样模式的简历，会看得不耐烦。所以，制作一份好的简历应注意以下四个问题。

(1) 按照所要应聘的职位，侧重强调与工作相关的内容，减少不必要的内容。

很多应聘者，面对不同的公司，不同的岗位，永远只投递一份简历。这样的人一般不会有面试的机会，这说明他还没有很好地替自己定位，没有求职目标，什么都想做。如果能针对不同的公司表达不同的了解和兴趣，强调相关的内容，让别人感到你的诚意和坦白，那么这份简历就容易脱颖而出。

(2) 尽可能使用事实和数据突出工作业绩。

用人单位一般都非常希望看到求职者的详细工作经历和业绩。使用量化的方法能清楚条理地把以往的成果一一表现出来，提高可信度，增加说服力。比如，做过销售，就不要简单地写"某年某月从事过销售工作"，而是要具体地写清曾销售过什么产品，完成了怎样的销售成绩，为公司带来了多少利润等。对业绩的描述要专业、真实、简要。许多毕业生喜欢在简历中过多地罗列在学校得过的奖项，而忽略了描述社会实践、假期兼职、实习经历等内容，这其实是本末倒置的做法。

(3) 适当运用编辑技巧，将使简历更醒目。

编写简历时适当运用编辑技巧可避免单调平板，如运用粗体字、下划线、段落缩进等，将有助于视觉上的美观和突出要点。

(4) 简历最好以两页为限，并且一定要把重点写在第一页。

在求职过程中，有些应聘者除了投递简历以外往往还会附上一封求职信。求职信是求职者写给招聘单位、希望获得某一工作的信函。一份标准的求职信内容包括以下三点。

① 写信的理由。从何处得悉招聘信息、申请目的、申请什么职位、加入企业的原因。

② 个人情况。应强调自己所受过的培训、工作经历、特长和成就，说明自己为什么适合申请的职位，突出自己的相关实力，表明自己能为未来雇主做些什么，等等。

③ 结尾段落。应表明自己的工作热情或决心，并对阅读者表示感谢和问候。

写求职信的注意事项如下。

① 要简短。在求职信中只需突出与企业和岗位相关的内容即可，切忌面面俱到。

② 要有针对性。千篇一律、没有任何针对性的求职信，一般而言是难以引起招聘人员的注意的。

③ 求职信是自我表白，要实事求是，不能说大话、假话。

2. 形象设计

（1）仪表

应聘或面试之前一定要仔细检查自己的衣着打扮，第一印象非常重要。穿衣服要配合自己的个性气质，整洁得体，保持大众化形象，避免穿太亮太花的衣服、紧身衣裤或牛仔装；男性应选好西装领带，并注意指甲、头发的整齐干净，鞋子要擦亮；女性可选穿一套剪裁合体、做工精良的套装，切忌穿过于暴露或夸张的衣服，化妆不宜太浓。

（2）举止

行为是人的内在素质的体现，面试时应聘者的表情、姿势、仪态、手势等往往都会受到招聘人员的仔细观察。因此，应聘者须时时注意自己的形象，时刻保持站姿挺拔、坐姿端庄，面带平和安详的微笑，谈话时目光放在对方的额头和眉心之间，自然、淡定、自信，从容不迫。

（3）言谈

平时要注意学好普通话，练好基本功，在回答对方问题时，做到发音标准、重点突出，语气要平淡、肯定，切忌声音很低、犹豫不决、目光游移或答非所问，否则会被对方认为是不够自信。

3. 面试

（1）面试前

① 尽力设法收集应聘企业和应聘岗位的资料，了解面试单位的大致发展情况，以便做到知己知彼。

② 牢记面试的时间和地点，最好是提前10分钟左右到达，以整理仪表，安定情绪。

③ 预先准备好回答考官提问，对自己的长处优点、工作能力等可事先背熟。

④ 携带学历证明、证书等资料以便对方查阅。

⑤ 尽量避免和同学、朋友同去面试，以免给对方造成一种信心不足、缺乏独立行事能力的不良印象。

（2）面试中

① 进门时表现得自然大方，对主试者说"您好"。

② 若无主试人的邀请，切勿自行坐下，也不要主动和对方握手，让主试人先开口发问，切勿唐突。

③ 坐下时，姿态应优雅大方，轻握手掌，放在膝上，不要搓弄衣服、笔等容易分散注意力的物品。

④ 尽量不要在初次面试时问到工资、待遇的问题，因为对方还没有确定用你，此时讨论的重心应该是工作。

⑤ 对自己的评价须谨慎，不要言过其实，对不知答案或答不出的问题切勿胡言乱扯，不然会给对方留下不懂装懂的印象。

⑥ 如有工作经验，要事先准备，面试时简要地说明工作经历和成果。

⑦ 评价以前的工作单位要尽量客观、平和，切不可乱加批评；回答离职的原因时，不要说压力大、经常加班等原因，也不要说"管理太混乱""人际关系太复杂""觉得公司没有发展前途"等，而是尽量从工作角度出发，说明客观的理由。

⑧ 不要谈论个人私事，也不要炫耀自己的社会关系。

⑨ 尽量避免用"是"或"不是"简单回答，不要去反问主试人。

⑩ 不要使用性的魅力。

⑪ 最重要的是要适时表明加盟对方公司的强烈愿望，让对方看到自己的诚意。

（3）面试后

如果主试人在看表或者目光开始离开应聘者，说明面试已结束，应聘者应站起身礼貌地表示告别。分手时应真诚地感谢主试人给予的应试机会，让对方感到你是一个有教养、有分寸、知趣得体的人。

不要在面试刚结束就马上打电话询问面试结果，可以稍微等上几天后写一封查询函或致谢函给主试人，再次感谢他给予的面试机会。

在面试后几天，通常能够收到公司打来的电话或寄来的通知，告知决定录用与否。倘若未被录用，也不要气馁，不要失去信心，面试通常是要很多次才能有所收获，关键是每次失败，都要认真分析总结，为下一次面试的成功积累经验教训。

参 考 文 献

[1] 陆瑜芳. 秘书学概论[M]. 上海：复旦大学出版社，2005.
[2] 张小慰，冯俊伶. 秘书工作综合流程解析[M]. 北京：北京大学出版社，2005.
[3] 张丽琍. 商务秘书实务[M]. 北京：人民大学出版社，2004.
[4] 王育，林力. 秘书实务[M]. 北京：高等教育出版社，2007.
[5] 孟庆荣，王汇涓. 秘书职业技能实训教程[M]. 北京：清华大学出版社，2007.
[6] 葛红岩，卢如华，李兰英. 新编秘书实训[M]. 北京：高等教育出版社，2008.
[7] 谭一平. 现代职业秘书实务[M]. 北京：人民大学出版社，2007.
[8] 刘森. 商务秘书实务与训练教程[M]. 成都：西南财经大学出版社，2006.
[9] 蔡超. 现代秘书实训[M]. 北京：首都经济贸易大学出版社，2007.
[10] 潘春胜. 文书与档案管理[M]. 北京：中国财政经济出版社，2005.
[11] 田文雅. 常用办公设备的使用与维护[M]. 北京：高等教育出版社，2006.
[12] 刘杰. 现代办公设备的使用与维护[M]. 北京：电子工业出版社，2003.